LA REVUE DES LETTRES MODERNES

Nous avons, semble-t-il, des motifs raisonnablement mesurés de croire qu'en 1977 nous restituerons aux Séries réputées « annuelles » une périodicité qu'elles avaient perdue depuis la crise de 1974-75.

Celle-ci a durement affecté l'ensemble de notre production puisque les difficultés diffuses propres au livre en général et à notre spécialité en particulier se sont trouvées de plus confrontées à une crise ponctuelle, brutale, provoquée par les grèves de l'hiver 1974, et elle-même en surimpression à une crise économique d'ensemble dont les contours s'accusaient de plus en plus, marquant plus profondément le monde des Universités et des Bibliothèques. Cette mise en veilleuse forcée — n'a-t-on pas vu des bibliothèques nous demander avec candeur de poursuivre gratuitement le service de nos publications, étant probablement sous-entendu que nous demanderions aux imprimeurs de poursuivre gratuitement la fabrication des volumes... —, cette hibernation a duré le temps qu'il fallait pour que nous nous accommodions des contraintes des temps sur de nouvelles bases, dût la périodicité de nos publications en être provisoirement la plus directe victime.

En effet, à part les nouvelles Séries qui n'ont eu à pâtir que de la mise au jour un peu retardée de leur première livraison, toutes les anciennes Séries ont, à un moment ou à un autre, été amputées d'une livraison annuelle. Cette constatation étant inscrite dans les faits ne nous a pas paru indigne d'être validée et reconnue. Une rupture radicale, malgré les désagréments techniques qui, à un moment donné, auront perturbé l'ordonnance habituelle de telle ou telle Série, nous a paru en tout cas préférable au marathon d'un hypothétique rattrapage aux avantages théoriques.

Contrairement à nos usages jusqu'alors, des limitations du nombre de pages ont en effet été demandées aux Directeurs de Séries pour que les livraisons n'aient pas, de surcroît, à souffrir d'une augmentation du prix de vente encore plus sévère.

Faut-il rappeler que, nos souscriptions n'étant pas annuelles mais pour un certain nombre de numéros, nos abonnés n'ont en rien été lésés financièrement et que, pour la plupart même, ils auront bénéficié d'un prix qui n'avait déjà plus cours lors de la sortie des volumes.

De ces tensions dont le contrôle nous échappe est résulté un nouvel équilibre. Sa fragilité exclut pour le moment les à-coups que ne manqueraient pas de provoquer les naissances trop rapprochées de nouvelles Séries en attente pour La Revue des lettres modernes. *Les* Archives des lettres modernes, *par un retour historique à leur source, se sont encore plus étroitement avérées complémentaires de la* Revue, *surtout lorsque parallèles aux Séries elles ont heureusement permis parfois de ramener les livraisons de la* Revue *à des proportions plus raisonnables ; cela, reconnaissons-le, au détriment des sujets hors Séries dont la liste d'attente n'a fait que s'allonger alors même que nous nous voyions contraints de limiter le nombre des* Archives *publiées en une année. Enfin, cette époque fort peu prodigue en fées-marraines a vu pourtant, au terme d'une longue gestation, naître l'« enfant de nos silences », cette* Icosathèque (20th), *dont les premiers pas ont attesté qu'ils prolongeaient ceux de* La Revue des lettres modernes *dans les domaines restés inexplorés depuis la création des Séries monographiques.*

Dieux !... tous les dons que je devine
Viennent à moi sur ces pieds nus !

M.M.

LA REVUE DES LETTRES MODERNES

Nᵒˢ 479-483   1976 (7)

ALBERT CAMUS 8

*

Camus romancier

La Peste

textes réunis

par

Bᴿᴵᴬᴺ T. FITCH

LETTRES MODERNES

MINARD

73, rue du Cardinal-Lemoine — 75005 PARIS

1977

SIGLES ET ABRÉVIATIONS

Sans autre précision, les renvois des textes cités sont aux volumes publiés dans la « Bibliothèque de la Pléiade » (Gallimard) :

I   Albert CAMUS, *Théâtre, récits, nouvelles.*

II   Albert CAMUS, *Essais.*

(la pagination et le contenu étant différents d'une édition à l'autre, une note précisera en tête de chaque étude la date d'« achevé d'imprimer » du volume de référence utilisé)

C1   Albert CAMUS, *Carnets : mai 1935—février 1942*, Gallimard, 1962.

C2   Albert CAMUS, *Carnets : janvier 1942—mars 1951*, Gallimard, 1964.

MH   *La Mort heureuse*, Gallimard, 1971, « Cahiers Albert Camus » 1.
                                                   [*CAC1*]

AC1   *Albert Camus 1*, etc. (fascicules annuels de *La Revue des lettres modernes*).

CAC   « Cahiers Albert Camus », Gallimard.

Toute citation formellement textuelle se présente soit hors texte, en petit caractère romain, soit dans le corps du texte en *italique* entre guillemets, les soulignés du texte originel étant rendus par l'alternance romain/italique ; mais seuls les mots en PETITES CAPITALES y sont soulignés par l'auteur de l'étude (le signe * devant un fragment attestant les petites capitales ou l'italique de l'édition de référence).

À l'intérieur d'un même paragraphe, les séries continues de références à un même texte sont allégées du sigle initial commun et réduites à la seule pagination ; par ailleurs les références consécutives à une même page ne sont pas répétées à l'intérieur de ce paragraphe.

CETTE livraison consacrée à « Camus romancier » se caractérise surtout par la variété d'approches qu'adoptent nos collaborateurs devant le texte romanesque de Camus qui a le moins retenu l'attention des critiques : *La Peste.* Que l'approche soit thématique, greimasienne, ricardolienne ou psychanalytique, chacun cherche à éclairer ce texte d'une manière nouvelle ; il en ressort que l'intérêt de cette œuvre, trop tôt laissée de côté par la critique, est loin d'avoir été épuisé.

Les deux autres essais étudient respectivement *La Chute* et *L'Étranger.* Le premier se propose de réexaminer le personnage de Clamence dont il brosse un portrait bien plus favorable que celui qu'en a donné jusqu'à présent la critique. Le second, se fondant sur un rapprochement fait non pas avec un texte de fiction mais avec un document authentique d'intérêt médical, fait ressortir les nombreuses ressemblances entre les visions qu'une schizophrène et Meursault ont du monde réel.

La livraison de l'année prochaine traitera de « La Pensée de Camus » et notre collaborateur Raymond Gay-Crosier en a assuré la direction ainsi que nous l'avions déjà annoncé.

Ensuite nous consacrerons un volume non pas à tel ou tel volet de l'œuvre camusienne mais à de nouvelles approches. Il s'agira de notre dixième livraison, ce qui nous a paru fournir une occasion propice soit pour faire le point sur la recherche camusienne, soit pour tenter de relancer celle-ci sur de nouvelles pistes. Puisque, par les rubriques « Recensement et recension des articles » et « Comptes rendus », nos volumes fournissent régulièrement des états présents de la critique, nous avons opté pour la seconde formule. Pour ce dernier volume (la date limite pour la réception des manuscrits est fixée au 31 mars 1978), nous voudrions solliciter des contributions non seulement de camusiens chevronnés mais surtout de tous ceux qui s'intéressent au renouveau contemporain des études littéraires et à l'apport des débats sur la théorie littéraire. Car il nous paraît essentiel que la critique camusienne tienne compte de la conjoncture actuelle de l'ensemble des recherches sur la littérature.

Brian T. FITCH

CAMUS ROMANCIER :

I

LA PESTE

.

1

LA PESTE ET LE MONDE CONCRET :

ÉTUDE ABSTRAITE

par Peter CRYLE

LA peste se présente d'emblée comme l'ennemi du concret :

On peut dire que cette invasion brutale de la maladie eut pour premier effet d'obliger nos concitoyens à agir comme s'ils n'avaient pas de sentiments individuels. (I, 1271)

[...] ils ne s'intéressaient qu'à ce qui intéressait les autres, ils n'avaient plus que des idées générales et leur amour même avait pris pour eux la figure la plus abstraite. [...] ils n'avaient l'air de rien. Ou, si on préfère, ils avaient l'air de tout le monde, un air tout à fait général. (I, 1366)

On reconnaît là le « thème de l'exil » cher aux études scolaires de *La Peste*. Et pourtant, on pourrait se demander si le mal ne vient pas, justement, de l'impossibilité de connaître cet état comme exil : les personnages n'arrivent pas à formuler leur désir ; il leur manque jusqu'à la nostalgie. Si, au départ, ils se trouvaient séparés de leurs amants par la seule distance physique, ils finissent par éprouver cette absence comme une « défaillance » personnelle : le narrateur nous parle de « *la difficulté qu'ils avaient à imaginer précisément les faits et gestes de l'absent* » (I, 1277). Au lieu donc d'être un simple empêchement, la peste se révèle être un processus, par lequel le concret se perd (cf. 1363 : « *décharnement* » ; 1364 : « *perd*[*re*] *sa chair* », « *décharnées* »). Les exilés se trouvent dans un état abstrait, mais il faut donner à cet adjectif toute sa force verbale : la peste les a *abstraits* du monde. Ce qui est vrai des internés l'est aussi, dans une certaine mesure, de tout le monde : « [...] *tous avaient l'air de souffrir d'une séparation très générale d'avec ce qui faisait leur vie. Et comme ils ne pouvaient pas toujours penser à la mort, ils ne pensaient à rien. Ils étaient en vacances.* » (1414).

Voilà qui nous permet de situer la problématique centrale de la peste : l'homme se trouve entre le concret et l'abstrait. Or cela constituerait-il le célèbre « midi », la double exigence qui lance l'esprit dans son vol direct, tendu ? Rien ne paraît plus loin de l'univers de *La Peste*. Il ne s'agit pas pour les Oranais d'affronter un dilemme quelconque ; leur exil revêt la forme du flottement : « [...] *échoués à mi-distance de ces abîmes et de ces sommets, ils flottaient plutôt qu'ils ne vivaient, abandonnés à des jours sans direction et à des souvenirs stériles, ombres errantes qui n'auraient pu prendre force qu'en acceptant de s'enraciner dans la terre de leur douleur.* » (I, 1275-6). Et même si le narrateur, dans sa sagesse, nous rappelle que le salut n'est pas plus loin que la terre, comment être certain qu'il faille voir là autre chose que le rappel formel d'un monde absent ? De cette façon, il sera permis au lecteur d'avoir de la peste une vue plus complète : lui, au moins pourra connaître l'exil proprement dit.

Mais si le « premier effet » de la peste est « l'abstraction » sous la forme du flottement, son second effet doit être de nous pousser à cette interrogation paradoxale, exercice lui-même abstrait : définir le concret. Car lorsque la perte du « monde » s'éprouve comme une défaillance, comme un échec, il n'est plus possible de se laisser imposer par l'évidence des sens. Rieux « *savait aussi qu'il arrive que l'abstraction se mon-*

tre plus forte que le bonheur et qu'il faut alors, et [alors] *
seulement, en tenir compte » (I, 1291). Chez Camus, ce
bonheur, c'est tout un passé commun, étroitement associé
au monde naturel. Et ce lien même, l'expérience durable de
l'union originelle tiennent dans le mot *image* [1] : « [...] *les
deux ou trois images simples et grandes sur lesquelles le
cœur, une première fois, s'est ouvert. »* (II, 13). Souffrir de la
peste, c'est donc perdre l'image : on se souvient de *« la difficulté qu'ils avaient à imaginer précisément les faits et gestes
de l'absent »* (I, 1277).

Il serait pourtant prématuré de conclure à la victoire
inconditionnelle de l'abstraction comme processus, car elle
ne s'affronte pas seulement à cet objet que serait l'image iso-
lée, privée de sa nourriture humaine, mais bien à un autre
processus, à une activité dynamique de l'homme : l'imagination. Très tôt, Rieux connaît toute la puissance d'une imagination qui s'empare du mot même de *peste* pour en tirer
« une longue suite d'images extraordinaires » (I, 1247). « *On
pouvait imaginer les bûchers rougeoyants devant l'eau tran-
quille et sombre, les combats de torches dans la nuit crépi-
tante d'étincelles et d'épaisses vapeurs empoisonnées montant
vers le ciel attentif. »* (1248). Voilà le *« vertige »* lyrique (cf.
1248) : on peut poursuivre jusqu'à l'infini une rêverie grisante.
Seulement, cette poursuite même éloigne du monde ; l'imagination finit par fuir le concret. Elle n'est en fin de compte
qu'une dérisoire consolation ; elle est *à côté : « Ce monde
extérieur qui peut toujours sauver de tout, ils fermaient les
yeux sur lui, entêtés qu'ils étaient à caresser leurs chimères
trop réelles et à poursuivre de toutes leurs forces les images
d'une terre où une certaine lumière, deux ou trois collines,
l'arbre favori et des visages de femmes composaient un climat pour eux irremplaçable. »* (1276-7) [2].

---

* Ici, comme plus loin, nous ne pouvons guère établir avec certitude le
texte de Camus qui reste incertain si l'on se reporte aux différentes éditions
publiées chez Gallimard. Depuis l'édition originale de 1947 jusqu'à la plus récente
de la « Collection Blanche », en passant par les éditions en « Livre de poche »
et « Folio », le texte porte : « *alors, et alors seulement* », contrairement aux textes
successifs de la « Bibliothèque de la Pléiade » qui se lisent : « *alors, et seulement* ».

Face à la peste, il faut à l'homme une conduite plus modeste. Au lieu de se dérober devant l'abstraction, il faut lutter, et, comme le dit Rieux : « *Pour lutter contre l'abstraction, il faut un peu lui ressembler.* » (I, 1291). Telle est la véritable tyrannie de la peste : après le paradoxe du concret défini, elle nous impose celui d'un comportement abstrait. Or comment l'homme s'approche-t-il d'un abstrait vécu ? Par l'arithmétique, tout simplement. Compter les choses, c'est ne considérer d'elles que ce qui leur est commun à toutes ; c'est retrouver partout du même. Compter les hommes c'est, déjà, reconnaître la peste[3].

Dès le début, quand Rieux pense à la peste telle qu'il la connaît à travers l'histoire, il pénètre d'emblée dans le champ de la statistique :

Il essayait de rassembler dans son esprit ce qu'il savait de cette maladie. Des chiffres FLOTTAIENT dans sa mémoire et il se disait que la trentaine de grandes pestes que l'histoire a connues avait fait près de cent millions de morts. Mais qu'est-ce que cent millions de morts ? Quand on a fait la guerre, c'est à peine si on sait déjà ce qu'est un mort. Et puisqu'un homme mort n'a de poids que si on l'a vu mort, cent millions de cadavres semés à travers l'histoire ne sont qu'une fumée dans l'imagination.   (I, 1246)

Le chiffre est donc le contraire même de l'image, et l'image chiffrée (« *quarante mille rats mis bout à bout* », I, 1246) une dérision. Il faut en fin de compte que l'image s'efface, pour laisser la place à « *l'efficacité mathématique et souveraine* » (1438) de la peste. L'homme doit apprendre à vivre la réalité des chiffres[4]. Seul le fonctionnaire saura tenir compte de cette réalité, et le rôle, tout indiqué, de Grand sera de « *faire les additions des décès* » (1249). Les autres finiront bien par le rejoindre, en disant : « *La seule chose qui nous reste, c'est la comptabilité.* » (1385)[5].

N'est-ce pas toutefois une capitulation que de suivre ainsi le cours de la peste, comme si l'on y collaborait moralement ? Car la peste elle-même est fonctionnaire :

Non, la peste n'avait rien à voir avec les grandes images exal-
tantes qui avaient poursuivi[6] le docteur Rieux au début de l'épidémie. Elle était d'abord une administration prudente et impeccable, au bon fonctionnement. (I, 1363)
Mais il semblait que la peste se fût confortablement installée
dans son paroxysme et qu'elle apportât à ses meurtres quotidiens
la précision et la RÉGULARITÉ d'un bon fonctionnaire. (I, 1410)

En quel sens le travail abstrait de l'homme qui compte les
morts reste-t-il une lutte ? Pour comprendre cela, il faut examiner de plus près cette régularité qui, de manière superficielle, paraît être commune aux hommes et à la peste. En
fait, on voit tout de suite la différence en évoquant la mytho-
logie camusienne. Ne serait-il pas monstrueux en effet de dire
de Sisyphe que sa vie se déroule dans une régularité divine ?
Il ne suffit pas, bien évidemment, de ne retenir de ce mythe
que la qualité physique de la pierre : ce serait se fixer dans
le monde concret, ignorer tout le mouvement de l'histoire.
Mais il serait également insuffisant — et proprement abstrait
— de ne considérer ici que le trajet accompli par la pierre.
C'est ne voir que le mouvement, ignorer tout le travail moral
du héros. *Le Mythe de Sisyphe* se terminait par un appel :
il faut *imaginer Sisyphe*, dans sa peine, dans son activité,
avant de retrouver chez lui « [*l'*]*instant subtil où l'homme se
retourne sur sa vie* » (II, 198), en descendant la pente à la
suite de sa pierre. Or c'est encore cette imagination qui nous
permettra de comprendre, chez l'homme-fonctionnaire, et
derrière la régularité apparente, l'acte moral de celui qui
recommence.

Le champ de l'effort moral, ici, c'est l'espace qui sépare
l'attitude sisyphienne de cet état général qui caractérise le
règne total de la peste : la monotonie. « *C'est que rien n'est
moins spectaculaire qu'un fléau et, par leur durée même*[7], *les
grands malheurs sont monotones.* » (I, 1363). Car il ne
s'agit pas de quelque vaste cycle qui se déroulerait loin des
hommes, au-delà de leurs préoccupations journalières, mais
bien d'un temps qui s'inscrit dans la durée humaine : « [...]

au bout de cette longue [*suite*] * *de soirs toujours semblables, Rieux ne pouvait espérer rien d'autre qu'une longue suite de scènes pareilles, indéfiniment renouvelées. Oui, la peste, comme l'abstraction, était monotone.* » (1290). On comprend alors que la monotonie du fléau est faite de l'habitude des hommes : « *Personne, chez nous, n'avait plus de grands sentiments. Mais tout le monde éprouvait des sentiments monotones.* [...] *Du reste, le docteur Rieux, par exemple, considérait que c'était cela le malheur, justement, et que l'habitude du désespoir est pire que le désespoir lui-même.* » (1364)[8]. Or cela est le contraire même de l'héroïsme abstrait qui se développe à travers *La Peste* : savoir recommencer, c'est, très précisément, ne pas se laisser prendre par le mouvement de son activité : les tâches humaines, même si elles se réduisent à la comptabilité, ne doivent pas se faire toutes seules.

Cependant, cette sorte d'héroïsme minimal qui apparaît comme la voie majeure du roman, et qui, comme telle, nous occupera assez longuement un peu plus loin, n'épuise pas à elle seule les possibilités d'action morale face à la peste. Il y a une autre voie qui mérite considération : celle de la « *sainteté* » (cf. I, 1425). Car il semble que la sainteté, au lieu de s'affirmer par la résistance, se fonde justement, chez l'homme qui crache sur les chats et le vieil asthmatique, sur une habitude supérieure. Un homme réussit parfois à faire tenir toute sa vie dans le « cela m'est égal » de Meursault et de Jonas, et ce n'est pas par hasard que nous retrouvons ici le mot de passe de l'indifférence, dans une conversation qui a lieu entre Tarrou et le vieux-aux-chats (I, 1237-8). C'est la grande réussite du vieil asthmatique : il s'enferme complètement dans une activité qui, *abstraitement*, rappelle celle de Sisyphe : « *Il évaluait le temps, et surtout l'heure des repas qui était la seule qui lui importât, avec ses deux marmites dont l'une était pleine de pois à son réveil. Il remplissait l'autre, pois*

---

* Ici encore, divergence entre les textes de l'édition de 1947, des collections « Livre de poche » et « Folio » qui portent : « *cette longue suite de soirs* », et ceux de la « Bibliothèque de la Pléiade » et de la plus récente édition de la « Collection Blanche » qui donnent : « *cette longue visite de soirs* ».

par pois, DU MÊME MOUVEMENT APPLIQUÉ ET RÉGULIER. *Il trouvait ainsi ses repères dans une journée mesurée à la marmite.* »
(I, 1313). Ce vieillard ne subit donc pas le temps de la peste ;
il ne craint pas l'abstraction, car il s'est déjà abstrait [9]. Et sa
vie n'est pas une série d'actions, avec tout le risque moral
que cela comporte, mais bien une activité continue : « *De la
chambre, on pouvait entendre la rumeur lointaine de la
liberté, et le vieux continuait, d'une humeur égale, à trans-
vaser ses pois.* » (1470). « *"Est-ce un saint ?" se demandait
Tarrou. Et il répondait : "Oui, si la sainteté est un ensemble
d'habitudes."* » (1313-4). Si Tarrou et le vieux-aux-chats n'accè-
dent pas à la « *paix intérieure* » (cf. 1236), c'est sans doute
qu'ils dépendent trop du monde extérieur. Malgré la grande
patience qu'il apporte à sa tâche (1238), le vieux ne supporte
pas l'absence des chats (1443). Il reste donc, comme Tarrou
lui-même, en deçà de la sainteté [10] : « *"Peut-être, observaient
les carnets, ne peut-on aboutir qu'à des approximations de
sainteté. Dans ce cas, il faudrait se contenter d'un satanisme
modeste et charitable."* » (1444).

Il faudrait dire pourtant — et Tarrou ne manque pas de
nous le rappeler lui-même (I, 1425) — que la sainteté est en
deçà de l'humanité. « *L'homme* » (cf. 1425) doit être *plus*
qu'une abstraction parfaite. Il apprend de la peste une indifférence *formelle* qui se manifeste dans la régularité de ses
gestes [11], mais toute sa vie se pénètre de la lucidité de celui
qui sait recommencer. N'est-ce pas là, d'ailleurs, la définition
même du métier camusien ? Qu'il s'agisse ou non d'une fonction sociale bien définie, peu importe : le métier est surtout
une attitude, une façon d'agir. Et tout le roman donne tort
à Cottard qui, interrogé par Tarrou au sujet des équipes sanitaires, répond : « *Ce n'est pas mon métier.* » (1345). Devant
la peste fonctionnaire (cf. 1363), il faut « *continuer avec régularité* [...] *ce travail surhumain* » (1410-1) ; tout homme a
besoin alors d'un métier.

Il est clair toutefois que le métier le plus complet est
celui qui continue indéfiniment, celui qui est égal à toute

une vie. À la différence de Tarrou, qui a « *fait mille métiers pour gagner* [*sa*] *vie* » (I, 1421), Rieux se présente à nous comme quelqu'un qui a toujours été médecin. Au début du roman, il a *déjà* beaucoup négligé sa femme (1223) ; quand nous le quittons, « *Son métier continu*[*e*] » (1463). Il n'est pas jusqu'à sa manière de se justifier qui ne porte la marque de sa régularité. L'honnêteté, dit-il, « *dans mon cas*, [...] *consiste à faire mon métier* » (1350)[12]. Comme si l'ultime produit du métier fût une pensée circulaire, son dernier testament, la pétition de principe. Il est heureux, en somme, que Rieux soit médecin.

Pourtant, nous ne pouvons pas nous contenter de décrire le métier de Rieux comme une vaste habitude. Malgré la pudeur du narrateur, nous pouvons retrouver à certains instants son commencement et son recommencement. Dans un moment de confidence, il en parle à Tarrou : « *Quand je suis entré dans ce métier, je l'ai fait abstraitement, en quelque sorte, parce que j'en avais besoin, parce que c'était une situation comme les autres, une de celles que les jeunes gens se proposent. Peut-être aussi parce que c'était particulièrement difficile pour un fils d'ouvrier comme moi.* » (I, 1321). Jusque-là, il semble donner raison à Rambert, qui lui dit : « [...] *vous êtes dans l'abstraction.* » (1287). Mais il poursuit : « *Et puis il a fallu voir mourir.* [...] *Et je me suis aperçu alors que* JE NE POUVAIS PAS M'Y HABITUER. *J'étais jeune et mon dégoût croyait s'adresser à l'ordre même du monde. Depuis, je suis devenu plus modeste. Simplement,* JE NE SUIS TOUJOURS PAS HABITUÉ À VOIR MOURIR. » (1321). Le métier, aussi, a sa jeunesse : il renaît dans des moments de révolte. Autrement dit, le métier, c'est la lutte, prolongement naturel, sinon conséquence, de la révolte : Rieux « *croyait être sur le chemin de la vérité, en luttant contre la création telle qu'elle était* » (1320).

Tout cela nous permet d'analyser le métier du point de vue de l'opposition concret/abstrait. Du métier, on peut dire ceci : son mouvement même, sa forme, sont abstraits, mais il se fonde sur une expérience concrète. Car la révolte restitue l'image, là où la peste et l'habitude risquaient de la détruire. Telle est exactement l'expérience du jeune Tarrou, qui accompagne son père au tribunal :

Ce qui se passait dans un tribunal m'avait toujours paru aussi naturel et inévitable qu'une revue de 14 juillet ou une distribution de prix. J'en avais une idée fort abstraite et qui ne me gênait pas.
Je n'ai pourtant gardé de cette journée qu'une seule image, celle du coupable. [...]
Mais moi, je m'en apercevais brusquement, alors que, jusqu'ici, je n'avais pensé à lui qu'à travers la catégorie commode d'« inculpé ». (I, 1419-20)

Pour qui a de l'imagination, il est impossible de ne pas se révolter [13]. Il faut ajouter toutefois que si la révolte est le point de départ du métier, elle en est aussi le continuel recommencement : le métier part du concret, mais il y ramène sans cesse. Pour lutter contre la peste, l'homme pourra s'appliquer à la seule tâche de compter les morts, il finira bien, comme Rieux, par « *voir mourir* » (I, 1321).

C'est donc dans le métier qu'abstrait et concret se rencontrent. Rambert lui-même s'en aperçoit à la fin, lui qui au début semblait s'opposer en tout à Rieux. N'y a-t-il pas d'ailleurs, entre les deux personnages, une symétrie à peu près parfaite ? Rambert ne veut reconnaître d'autre valeur que la recherche du bonheur : il s'attache passionnément au concret (à sa poursuite...), et c'est peut-être lui qui vit de la manière la plus intense, la plus dramatique le *conflit* du concret et de l'abstrait dont parle le narrateur, « *cette espèce de lutte morne entre le bonheur de chaque homme et les abstractions de la peste, qui constitua toute la vie de notre cité pendant cette longue période* » (I, 1291). C'est le journaliste, on s'en souvient, qui dit à Rieux : « *Vous parlez le langage de la raison, vous êtes dans l'abstraction.* » (1287). Il refuse l'« *héroïsme* » (1349) des « *gens qui meurent pour une idée* ». N'a-t-il pas tendance à assimiler ainsi le métier d'un Rieux à l'abstraction de la peste ? « *L'abstraction pour Ram-*

bert était tout ce qui s'opposait à son bonheur. » (1291). Seulement, nous avons vu déjà qu'une telle conception du métier élimine la dimension morale : il va falloir que Rambert apprenne le recommencement. Il le fera, à sa manière, à travers ·ses tentatives d'évasion constamment reprises : de sa situation de pestiféré, il déduira lui-même l'essence abstraite :

— Ça ne va pas ? lui demanda Tarrou.
— C'est à force de recommencer, dit Rambert.
    [...]
— Vous n'avez pas encore compris, répondit Rambert, en haussant les épaules.
— Quoi donc ?
— La peste.
— Ah ! fit Rieux.
— Non, vous n'avez pas compris que ça consiste à recommencer.
    [...]
— Je vous dis que ça consiste à recommencer.   (I, 1348-9) [14]

Il dira encore, « *avec rage* » (I, 1350) : « [...] *je ne sais pas quel est mon métier.* », mais il sait maintenant quel est *le* métier. En voulant se concentrer dans l'acte simple et éclatant de celui qui s'élance vers le bonheur du concret, il a éprouvé à son tour, pendant un temps du moins, la perte de l'image : « [...] *il s'aperçut, comme il devait le dire au docteur Rieux, que pendant tout ce temps il avait en quelque sorte oublié sa femme, pour s'appliquer tout entier à la recherche d'une ouverture dans les murs qui le séparaient d'elle.* » (1344). Il sait désormais que, sous le régime de la peste, la poursuite du concret, même passionnée, prend forcément la forme d'une répétition obstinée, abstraite.
    Or l'on peut dire que Rieux parcourt le même chemin en sens inverse. Ayant choisi « *abstraitement, en quelque sorte,* » de se faire médecin (I, 1321), il doit affronter tous les jours une expérience bien concrète. On se demande même s'il n'y trouve pas, au début, un certain confort moral. Tenté par la rêverie, menacé par l'abstraction des statistiques, il se

retourne vers les tâches quotidiennes : « *Là était la certitude, dans le travail de tous les jours. Le reste tenait à des fils et à des mouvements insignifiants, on ne pouvait s'y arrêter. L'essentiel était de bien faire son métier.* » (1248). Mais le travail du médecin est-il aussi *sûr* ? Le médecin n'œuvre pas — à la différence, d'ailleurs, de Sisyphe ou du vieil asthmatique — sur des objets inertes, mais sur une « matière » humaine. Quand il s'interroge ainsi sur la nature même de son travail, Rieux semble dire que, pour être précise, cette expérience n'en est pas moins ambiguë. Accusé par Rambert de vivre dans l'abstraction, il n'est pas confiant de sa réponse :

> Était-ce vraiment l'abstraction que ces journées passées dans son hôpital où la peste mettait les bouchées doubles, portant à cinq cents le nombre moyen des victimes par semaine ? Oui, il y avait dans le malheur une part d'abstraction et d'irréalité. Mais quand l'abstraction se met à vous tuer, il faut bien s'occuper de l'abstraction. (I, 1288-9)

Quelle est ici la « *part d'abstraction* » ? Ne tient-elle pas dans cette phrase qui, pour Rieux, résumait toute l'expérience du médecin : « *voir mourir* » (I, 1321) ? Car s'il est bien évident que voir mourir, comme action concrète, s'oppose à l'activité abstraite de celui qui compte les morts, il faut dire aussi que voir mourir un homme est moins simple que de le voir mort [15]. Voir mourir, c'est assister à la fin d'une vie, saisir le passage d'une maladie visible, dont on peut énumérer et traiter les symptômes, à un état inconnaissable : « *Il fallait s'en tenir à ce qu'on savait, la stupeur et la prostration, les yeux rouges, la bouche sale, les maux de tête, les bubons, la soif terrible, le délire, les taches sur le corps, l'écartèlement intérieur, et au bout de tout cela...* » (1246-7). Au bout de tout cela, les points de suspension : c'est là que l'abstraction commence :

> Diagnostiquer la fièvre épidémique revenait à faire enlever rapidement le malade. Alors commençait l'abstraction et la difficulté en effet, car la famille du malade savait qu'elle ne verrait plus

ce dernier que guéri ou mort. [...] Il fallait téléphoner. Bientôt le timbre de l'ambulance résonnait. [...] Alors commençaient les luttes, les larmes, la persuasion, l'abstraction en somme. (I, 1289)

Vue ainsi, la mort apparaît comme le point de rencontre du concret et de l'abstrait, la manifestation précise, saisissante du processus général dont nous avons parlé tout au début. Voir mourir, c'est se trouver devant *l'image de l'abstraction*, et celui dont c'est le métier de voir mourir réussit mieux qu'aucun autre à faire en lui la synthèse des deux éléments qui polarisent le monde de *La Peste*. Car l'action par laquelle il recommence refuse implicitement *l'interruption* : le métier est le contraire exact de la mort.

*

Il peut sembler à certains que nous nous sommes contenté de suivre une sorte de dialectique cachée, voire furtive, recherche en elle-même abstraite dont la seule valeur serait une certaine schématisation théorique des « problèmes·» posés par *La Peste*. Or il devient possible, croyons-nous, de suivre cette synthèse au niveau du récit même. Considérons l'incident le plus frappant du roman, sa Grande Scène : la mort du fils Othon (I, 1389—96). Nous retrouvons ici, réunis autour du lit d'agonie, tous les personnages principaux, et nous nous disons déjà, intuitivement, qu'ils ont l'air de prendre position autour d'un problème essentiel. Seulement, le caractère véritablement *central* de l'incident se manifeste bien plus fortement si l'on considère qu'il s'agit ici pour tout le monde de « voir mourir » :

Ils avaient déjà vu mourir des enfants puisque la terreur, depuis des mois, ne choisissait pas, mais ils n'avaient jamais encore suivi leurs souffrances minute après minute, comme ils le faisaient depuis le matin. Et, bien entendu, la douleur infligée à ces innocents n'avait jamais cessé de leur paraître ce qu'elle était en vérité, c'est-à-dire un scandale. Mais jusque-là du moins, ils se scandalisaient abstraitement, en quelque sorte, parce qu'ils n'avaient jamais regardé en face, si longuement, l'agonie d'un innocent. (I, 1392)

Cette scène, dans son atrocité même, a quelque chose pour soulager (esthétiquement) le lecteur. Il peut lui sembler qu'il est en train de voir enfin la peste, de saisir l'abstraction. Cependant, le roman lui-même le prévient contre une lecture aussi naïve. Nous pouvons admirer la cohérence de la théorie et de l'action, y voir une réussite objective, la définition même d'une morale puissante ; il n'empêche que nous n'assistons pas directement à la mort du fils Othon. Tout ce que nous apprenons du métier de Rieux médecin, il nous faut l'apprendre à travers celui de Rieux écrivain. Qu'il s'agisse en effet, chez l'écrivain, d'un métier au sens précis n'est pas douteux : l'exemple de Grand le prouve. Celui-ci, véritable Sisyphe littéraire, passe toute sa vie (d'écrivain) à reprendre la même phrase [16] ; « *je recommencerai* », dit-il, après avoir failli mourir (I, 1433), et nous apprenons effectivement à la fin du roman qu'il a « *recommencé sa phrase* » (1470).

Bien entendu, la tâche de Rieux est moins simple. Il s'agit pour lui, non d'avoir une simple activité littéraire, mais, en fin de compte, de raconter la peste, de dire l'abstraction. Voici un dernier paradoxe qui se présente à lui : dans l'univers de la peste, l'abstraction, au niveau du langage, est une absence de communication, l'impossibilité de parler ; mais il faut que le chroniqueur trouve la parole qui résume cette situation et, en la résumant, la dépasse. Sous la peste, la tâche paraît impossible :

Dans ces extrémités de solitude, enfin, personne ne pouvait espérer l'aide du voisin et chacun restait seul avec sa préoccupation. Si l'un d'entre nous, par hasard, essayait de se confier ou de dire quelque chose de son sentiment, la réponse qu'il recevait, quelle qu'elle fût, le blessait la plupart du temps. Il s'apercevait alors que son interlocuteur et lui ne parlaient pas de la même chose. Lui, en effet, s'exprimait du fond de longues journées de rumination et de souffrances et l'image qu'il voulait communiquer avait cuit longtemps au feu de l'attente et de la passion. L'autre, au contraire, imaginait une émotion conventionnelle, la douleur qu'on vend sur les marchés, une mélancolie de série. [*On reconnaît l'élément mathématique : l'abstraction.*] Bienveillante ou hostile, la réponse tombait toujours à faux, il fallait y renoncer.

(I, 1278)

Cette parole qui « tombe à faux » rappelle irrésistiblement le flottement dont nous avons parlé au début de cet article, l'état de l'homme qui se trouve entre une expérience concrète, c'est-à-dire une « image » chérie, et un langage qui n'évoque chez l'autre qu'un sentiment général. La solution radicale est donc le silence, seule « parole » réellement abstraite. Le silence, c'est l'accord parfait de l'homme et du monde ; c'est la parole définitive, la mort du langage et le langage de la mort. Après la mort de Tarrou :

C'était partout la même pause, le même intervalle solennel, toujours le même apaisement qui suivait les combats, c'était le silence de la défaite. Mais pour celui qui enveloppait maintenant son ami, il était si compact, il s'accordait si étroitement au silence des rues et de la ville libérée de la peste, que Rieux sentait bien qu'il s'agissait cette fois de la défaite définitive, celle qui termine les guerres et fait de la paix elle-même une souffrance sans guérison.   (I, 1455-6)

On peut évoquer ici une grande tentation — ou mieux, une tendance profonde — de l'art camusien : la recherche d'un silence au cœur des choses, au cœur des mots. Laurent Mailhot en parle admirablement :

Il rêvait, dans la préface à *L'Envers et l'endroit*, de mettre au centre de son œuvre « *l'admirable silence d'une mère et l'effort d'un homme pour retrouver une justice ou un amour qui équilibre ce silence* » (II, 13). Les mots chez lui ne recouvrent pas le silence, ils le découvrent, le cernent, le creusent. Car s'il y a une parole refoulée, un silence mort ou morbide, la révolte peut les convertir, les libérer. On n'exprimera plus alors quelque chose à la place du silence : c'est le silence lui-même qui se signifiera. [17]

Seulement, son art restera toujours en deçà de la page blanche, du parfait silence. Les voies du compromis, d'une écriture minimale sont d'ailleurs multiples — comme l'a indiqué Roland Barthes, entre autres. Quel sera le choix de Rieux ? Il nous en parle lui-même :

> [...] pour ceux à qui le silence était insupportable, et puisque les autres ne pouvaient trouver le vrai langage du cœur, ils se résignaient à adopter la langue des marchés et à parler, eux aussi, sur le mode conventionnel, celui de la simple relation et du fait divers, de la chronique quotidienne en quelque sorte. [Cf. *la première ligne de* La Peste *: « cette chronique ».*] Là encore, les douleurs les plus vraies prirent l'habitude de se traduire par les formules banales de la conversation.   (I, 1278)

Il serait permis de voir là la résolution de mal écrire, d'adopter ce style lourd qui l'expose à une critique facile [18]. Pour dire la monotonie, le narrateur va dévaluer la progression même de la syntaxe dans des phrases comme celle-ci : « *Puisqu'il s'agissait de piétinements, plusieurs centaines de milliers d'hommes piétinèrent encore, pendant des semaines qui n'en finissaient pas.* » (I, 1371). Ici, ce sont la grammaire, la causalité même qui piétinent.

    Cela, c'est le compromis habituel, ou plutôt, la matière même sur laquelle s'exerce le métier de l'écrivain [19]. N'y aurait-il pas toutefois une synthèse plus riche et plus frappante du concret et de l'abstrait linguistiques, de la parole et du silence ? Il nous semble la trouver au cœur même de la scène centrale dont nous avons parlé un peu plus haut. Tous les personnages regardent avec angoisse le visage de cet enfant qui est en train de mourir : « *Au creux de son visage maintenant figé dans une argile grise, la bouche s'ouvrit et, presque aussitôt, il en sortit un seul cri continu, que la respiration nuançait à peine, et qui emplit soudain la salle d'une* PROTESTATION MONOTONE, DISCORDE, ET SI PEU HUMAINE QU'ELLE SEMBLAIT VENIR DE TOUS LES HOMMES À LA FOIS. » (I, 1393). Ce cri ne porte-t-il pas en lui tout l'univers de *La Peste* ? C'est la voix de la peste : l'abstraction se parle par la bouche d'un enfant. Nous voilà au centre absolu du roman [20].

NOTES

ÉDITIONS UTILISÉES

I 1963   II 1965

1. Cf. Laurent MAILHOT, *Albert Camus, ou l'imagination du désert* (Montréal, Les Presses de l'Université de Montréal, 1973), p. 15 : « *Aucune image globale et précise ne répond exactement chez Camus à ce que nous appelons ici le jardin. Ni l'île, ni la plage, ni la colline, ni le royaume, encore moins la verdure, le parc, la forêt. Aucune image, sinon justement le mot* image. »

2. Sous sa forme la plus puissante, ce vertige annonce la chute d'un Clamence. Que font le juge-pénitent, le renégat sinon « poursuivre une image » jusqu'au point du délire ?

3. Voir, dans *L'État de siège*, la fonction de la *liste* : « *Vous serez dans la statistique et vous allez enfin servir à quelque chose.* [...]
Se mettre en rangs pour bien mourir, voilà donc le principal ! À ce prix vous aurez ma faveur. Mais attention aux idées déraisonnables, aux fureurs de l'âme, comme vous dites, aux petites fièvres qui font les grandes révoltes. J'ai supprimé ces complaisances et j'ai mis la logique à leur place. J'ai horreur de la différence et de la déraison. » (discours de LA PESTE) (I, 229).

4. Cf. I, 1281 : « *Là encore, cependant, la réaction du public ne fut pas immédiate. En effet, l'annonce que la troisième semaine de peste avait compté trois cent deux morts ne parlait pas à l'imagination. D'une part, tous peut-être n'étaient pas morts de la peste. Et, d'autre part, personne en ville ne savait combien, en temps ordinaire, il mourait de gens par semaine. La ville avait deux cent mille habitants. On ignorait si cette proportion de décès était normale. C'est même le genre de précisions dont on ne se préoccupe jamais, malgré l'intérêt évident qu'elles présentent.* »

5. On voit d'ailleurs que Tarrou était déjà bien avancé dans ce chemin avant la venue du fléau : le « *parti pris d'insignifiance* » qui marque son journal (I, 1234) est en quelque sorte l'envers de l'abstraction : toute chose comptée est insignifiante.

6. On remarquera que l'imagination se trouve encore associée à la notion de poursuite.

7. Nous ne sommes pas loin de ce temps insignifiant souhaité par Tarrou, qui désire éprouver la durée « *dans toute sa longueur* » (I, 1235).

8. Cf. I, 1397 : « *Dans les circonstances difficiles que la ville traversait, le mot même de "nouveauté" avait perdu son sens.* »

9. Admirons son indifférence : « *À en croire sa femme, d'ailleurs, il avait donné très jeune des signes de sa vocation. Rien, en effet, ne l'avait jamais intéressé, ni son travail, ni les amis, ni le café, ni la musique, ni les femmes, ni les promenades. Il n'était jamais sorti de la ville, sauf un jour où, obligé de se rendre à Alger pour des affaires de famille, il s'était arrêté à la gare la plus proche d'Oran, incapable de pousser plus loin l'aventure. Il était revenu chez lui par le premier train.* » (I, 1313).

10. « [*Tarrou*] *en avait conclu curieusement que le petit vieux était vexé ou mort, que s'il était vexé, c'est qu'il pensait avoir raison et que la peste lui avait fait tort, mais que s'il était mort, il fallait se demander à son propos, comme pour le vieil .asthmatique, s'il avait été un saint. Tarrou ne le pensait pas, mais estimait qu'il avait dans le cas du vieillard une "indication".* » (I, 1443-4).

11. Cf. I, 1290. Rieux est « *conscient seulement de la difficile indifférence qui commençait à l'emplir* ».

12. Cf. I, 1248 : « *L'essentiel était de bien faire son métier.* »

13. À moins d'ériger en symbole une seule image, d'en faire le centre de toute une vie. C'est l'imagination fanatique, le fétichisme religieux (cf. le premier Paneloux, le renégat).

14. Cf. I, 1381 : « *Ce jour-là, à midi, Gonzalès et le journaliste virent arriver les deux petits qui riaient. Ils dirent qu'on n'avait pas eu de chance l'autre fois, mais qu'il fallait s'y attendre. En tous cas, ce n'était plus leur semaine de garde. Il fallait patienter jusqu'à la semaine prochaine. On recommencerait alors. Rambert dit que c'était bien le mot.* »

15. Cf. I, 1246 : « [...] *un homme mort n'a de poids que si on l'a vu mort* [...]. »

16. « *C'était un court manuscrit d'une cinquantaine de pages. Le docteur le feuilleta et comprit que toutes ces feuilles ne portaient que la même phrase indéfiniment recopiée, remaniée, enrichie ou appauvrie.* » (I, 1432).

17. *Op. cit.*, pp. 373-4. Cf. le chapitre entier : « L'Espace du silence » (pp. 353—74).

18. Cf. CRITICUS, *Le Style au microscope*. II : *Jeunes Gloires* (Paris, Calmann-Lévy, 1951), pp. 43—63.

19. C'est d'ailleurs pour cette raison même que nous aurions tous besoin d'une analyse patiente et détaillée du style de *La Peste*, tâche qui attend encore son Sisyphe.

20. Il faudrait évidemment repartir du centre : on ferait alors l'étude *concrète* de cette même dialectique. Entre l'indifférenciation de la mer et la précision, la spécificité de la pierre, il y a sans doute une synthèse possible : « La Pierre qui pousse » nous en montre les chemins.

2

STRUCTURE ACTANTIELLE ET INVERSION
DANS *LA PESTE*

par Roland Le Huenen et Paul Perron

L*a Peste* s'ouvre sur un discours de caractère itératif et hétérodiégétique ayant pour objet la description diurne de la ville d'Oran, émanant d'un locuteur non-identifié et non encore identifiable, et se clôt par une description nocturne du même lieu, au moyen d'un discours amalgamé à la diégèse en même temps qu'il est le fait d'un locuteur-acteur dont l'identité est cette fois dévoilée. Narratif, itératif, occultant l'origine de son énonciation tout en en réalisant abstraitement les conditions formelles (chroniqueur = locuteur, lecteur = allocutaire, acteurs anonymes = délocuteurs), le récit initial laisse place en finale à son inverse, puisque le texte s'achève sur un discours scénique et singulatif qui dramatise en les produisant des configurations déterminées de personnages. On retiendra que l'inversion formelle s'effectue à partir d'une base thématique commune privilégiant la dimension cosmologique de l'espace narré.

Décrire le micro-univers sémantique de *La Peste* consistera à rendre compte de la tension de sens instaurée par la double présence du discours narratif et du discours scénique, le premier qualifiant globalement, le second illustrant de façon exemplaire des attitudes et des comportements singuliers au moyen de la confrontation d'acteurs posés comme constellations plus ou moins variables de caractérisants. De sorte que dans ses manifestations diverses, le discours scénique se constituera en extension métaphorique du narratif, entretenant par là même avec celui-ci une relation de type hypotaxique. Nous nous proposons donc d'examiner la structuration sémique de l'univers décrit, en premier lieu sous sa forme narrative, puis sous sa forme scénique, tout en dégageant les différents processus qui régissent les rapports existant entre ces deux formes discursives.

C'est par une description dont la durée reste étrangère à celle du récit premier, que se fixent dans le tissu textuel l'espace et le temps clos du discours narratif. D'emblée s'instaure la redondance cyclique d'un mode temporel, celui de l'éternel retour lié au déroulement des saisons de sorte que les cinq parties du récit, tout en réalisant ponctuellement les avatars de la diégèse, demeurent hantées par une structure de permanence.

En d'autres termes, c'est à partir d'une forme itérative dont les marques resteront sensibles tout au long du texte que la fable, dans sa singularité, se trouve engendrée et entretenue.

Le narrateur-locuteur inaugure son récit en posant par contiguïté une concordance entre le rythme de la nature et celui de l'existence humaine, telle qu'elle se manifeste à Oran. « *Le changement des saisons ne s'y lit que dans le ciel. Le printemps s'annonce [...]. Pendant l'été, le soleil incendie les maisons [...]. En automne, c'est, au contraire [...]. Les beaux jours viennent seulement en hiver. [§] Une manière commode de faire la connaissance d'une ville est de chercher comment on y travaille, comment on y aime et comment on y meurt.* » (I, 1217).

L'équilibre et l'harmonie ainsi établis dès l'exposition sont mis en question par les perturbations inhérentes à la fable dont l'ouverture est marquée du signe de l'extraordinaire. L'apparition des rats au printemps, la maladie inquiétante et bizarre qui enlève le concierge fondent le récit sur la différence. L'introduction de celle-ci est ponctuée de notations atmosphériques : « *Au lendemain de la mort du concierge, de grandes brumes couvrirent le ciel.* [...] *on se sentait un peu prisonnier du ciel.* » (I, 1239-40).

En outre, l'ordre chronologique de la fable et celui du récit qui la simule vont de pair avec la progression thématique de sorte que la naissance, la recrudescence, l'apogée, la stabilisation et la disparition de l'épidémie correspondent au flux des saisons et à la division en cinq parties du roman.

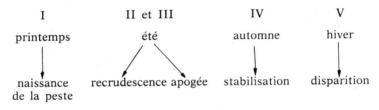

Le discours narratif s'attache à distinguer un nombre restreint de lexèmes, à les réitérer et à leur associer un nombre variable de qualifications. Les lexèmes sont en premier lieu : *ciel, soleil, chaleur, lumière, pluie, vent, mer, nuit, froid.* Le tableau suivant représente schématiquement les paradigmes de caractérisation relativement aux saisons. Une première approximation permet d'en déduire la présence d'une structure simple de type oppositionnel. Le ciel, le soleil, la chaleur, la lumière, et la pluie sont généralement associés aux moments les plus meurtriers de l'épidémie alors que le vent, la mer, la nuit, le végétal et le froid s'accompagnent d'un soulagement momentané de la peste, voire de sa disparition. Les classes ainsi opposées permettent de postuler l'existence d'actants constitués de lexèmes jugés équivalents. De plus, le passage d'une classe à une autre s'effectue toujours selon un même processus, soit, suivant les termes de la fable : fièvre et apparition des ganglions durant le jour, apaisement et rémission durant la nuit, mort à midi. Le texte s'organise ainsi selon un premier système dans lequel le cycle des sai-

Classes de qualifications / SAISONS	PRINTEMPS	ÉTÉ	AUTOMNE	HIVER
ciel	brumeux, geôlier, beau et bleu	menaçant	brume, chaleur et pluie se succèdent dans le ciel	bleu, splendeur immuable et glacée, froid et pur
soleil	pompe les flaques des averses	incendie les maisons. poursuit les citoyens, frappe, incessant	sans force	
chaleur	orageuse, humide	flots ininterrompus, coïncide avec la montée en flèche du nombre des victimes	fait place aux fraîcheurs	
lumière	jaune	réverbération aveuglante	froide et dorée, étincelante et glacée	ininterrompue, flots ininterrompus, immobile
pluie	diluvienne, brève	tardive	de grandes averses balayent les rues, un déluge lave les pavés	
vent		pousse des plaintes continues, grand, brûlant, pousse les odeurs d'algues et de sel, violent	souffle de façon continue allume et active des incendies	souffles froids
mer	bleu profond, ses éclats d'argent ou de fer blessent la vue	proche et interdite		
nuit		cri des martinets haletante, rues désertes	air tiède	
froid		amène une détente	matins très froids	s'installe et semble cristallisé au-dessus de la ville

sons portant les marques de la vie et de la mort se double d'une structure temporelle moins large (nuit/jour) qui en reproduit exactement la tension sémantique.

vie	*vs*	mort
hiver	*vs*	été
nuit	*vs*	jour

Signalons au passage que le système ainsi conçu et investi semble indiquer un renversement des valeurs qu'une certaine tradition, alimentée notamment par l'idéologie romantique, attribue aux saisons aussi bien qu'à l'opposition jour/nuit. S'agissant de ces deux ordres temporels d'amplitude inégale, un examen de leur lexique et par suite de l'espace cosmologique qui s'y inscrit fait apparaître dans le texte des contenus sémantiques originaux institués à partir des contextes où les lexèmes considérés se trouvent associés ou dissociés. Ainsi, que l'on parle de mort ou de soleil, de vie ou de froid, il s'agira là simplement d'expressions différentes d'un même sémème, dénommé tantôt vie, tantôt mort.

mort	*vs*	vie
ciel	*vs*	terre
soleil	*vs*	mer
chaleur	*vs*	froid
lumière	*vs*	nuit
pluie	*vs*	vent

L'occurrence des lexèmes énumérés ci-dessus institue par simulation un ordre de la vie et de la mort affectant des personnages anonymes qui assument dans la fable le rôle de la collectivité abstraite, en même temps que des acteurs particularisés auront pour fonction d'exemplifier cet ordre dans les parties scéniques du récit. En d'autres termes, la redondance des lexèmes *vie* et *mort* au travers de leurs manifestations variées, postule une isotopie qui prend la forme d'une structure élémentaire descriptible en termes d'existence, de vie et de mort et que l'on peut désigner par

$$E = V + M$$

*

Cependant le récit ne peut s'instaurer et se poursuivre sans que l'équilibre entre les éléments de la structure ainsi définie se trouve perturbé par le jeu des dominances, tantôt de la vie, tantôt de la mort. C'est dans le discours scénique dont le mécanisme premier est celui de la confrontation de personnages singularisés par des fonctions et des qualifications, que ces perturbations et ces oscillations se laissent le mieux percevoir. De sorte que les modèles qui vont permettre de rendre compte de la situation aussi bien que de l'activité des personnages dans la fiction vont se présenter sous forme d'expressions dérivées de la structure première, celles-ci marquant soit l'ascendance de la vie ($E = V + m$), soit celle de la mort ($E = M + v$).

·Dès son insertion dans la diégèse, chaque personnage reçoit un certain nombre de traits distinctifs (nom, profession, localisation spatio-temporelle) qui tout en l'apparentant aux autres ne l'en différencient pas moins. Rieux, médecin, apparaît pour la première fois le matin du 16 avril sur le palier de l'escalier de son cabinet lorsqu'il bute contre un rat mort. M. Michel, concierge, est habituellement décrit à l'extérieur de chez lui, en plein soleil. Rieux fait sa première visite, le matin même, au domicile d'un vieil Espagnol alité et le lendemain à midi rencontre par hasard, à la sortie de la gare, M. Othon, juge d'instruction. L'après-midi du même jour, le médecin reçoit dans sa salle de consultation, Rambert, journaliste, et croise Tarrou à dix-sept heures dans l'escalier de son appartement. C'est à midi le 28 avril que Rieux aperçoit dans la rue le concierge mourant au bras du père Paneloux, jésuite, érudit. Et enfin, c'est dans l'après-midi du même jour que le docteur rend visite à Joseph Grand, employé, qu'il rencontre au milieu de l'escalier allant porter secours à Cottard qui vient de tenter de se pendre.

Un premier classement des personnages selon leur ordre d'apparition, leur profession, le moment et le lieu de leur présentation, conduit au schéma suivant.

PERSONNAGES	PROFESSION	MOMENT	LIEU
Rieux	médecin	matin	palier
Michel	concierge	matin/midi	extérieur
vieil Espagnol	()	matin	chambre
Othon	juge d'instruction	midi	extérieur
Rambert	journaliste	après-midi	cabinet
Tarrou	()	après-midi	escalier
Paneloux	prêtre	midi	extérieur
Grand	employé	après-midi	escalier
Cottard	()	après-midi	chambre

Si l'on tient compte notamment des indications spatio-temporelles relevées ci-dessus et si l'on conserve à l'esprit la division du champ fictionnel selon le double investissement vie/mort mis à jour plus haut dans le discours narratif, l'on est tenté d'appliquer une telle distinction aux personnages conçus comme formant un système et de reconnaître que ceux-ci se trouvent d'entrée de jeu répartis en deux groupes opposés selon des rapports hiérarchiques qu'il s'agira d'expliciter : d'un côté Rieux, Rambert, Grand, le vieil Espagnol, de l'autre Paneloux, Othon, Cottard, Tarrou et Michel.

Dans la *Sémantique structurale*, Greimas est amené à séparer les *actants* qui relèvent d'une syntaxe narrative, des *acteurs*, *dramatis personnae*, personnages que l'on peut saisir en acte dans les discours particuliers où ils se trouvent manifestés. Ailleurs, il fait remarquer que cette distinction permet de considérer deux niveaux autonomes de narrativité, tout en admettant que dans la pratique du texte un même actant peut être manifesté par plusieurs acteurs (personnages) et qu'un seul acteur peut présenter un syncrétisme de plusieurs actants. Ceux-ci sont des sémèmes construits à partir de prédicats qualificatifs et fonctionnels susceptibles d'être identifiés, classés et intégrés à des modèles explicatifs. Nous

essaierons, dans un premier temps, de retrouver au travers
de leurs manifestations actorielles les qualifications constitu-
tives des sémèmes actantiels, d'en élaborer ensuite le modèle
qualificatif et d'en proposer enfin une interprétation.

Le concierge, M. Michel, est le premier personnage à être
rencontré par Rieux dès l'enclenchement du récit premier.
Il représente d'abord et surtout le refus de l'évidence, jugeant
scandaleuse la présence du rat mort et impossible l'existence
dans l'immeuble d'autres muridés. Cette première rencontre
a lieu le matin dans un espace clos, bien que le concierge soit
progressivement attiré vers l'extérieur puisqu'il apparaît la
fois suivante adossé contre la façade de la maison, près de
l'entrée, pour tomber malade ensuite dans la rue. Sa mort,
deux jours plus tard vers midi, s'accompagne d'une description du ciel bleu et humide. Ainsi s'instaure, avant la
déclaration officielle de la peste, le rythme de l'épidémie :
surgissement des premiers symptômes au milieu du jour,
soulagement durant la nuit, mort à midi.

C'est par rapport au projet de Rieux — lutter médicale-
ment et techniquement contre la puissance destructrice de la
peste — que les autres personnages de la fiction se défi-
nissent. Nous apprenons en effet, à la fin du récit, que le
docteur en est le narrateur, qu'il rend compte surtout de rencontres ou structures dramatiques qu'il a lui-même vécues,
que le chroniqueur a gardé l'anonymat d'abord afin de pouvoir « parler pour tous » (I, 1467) et ensuite pour rapporter
aussi objectivement que possible les événements qui se sont
produits. C'est lui enfin qui tire la leçon du malheur.

Rieux, chroniqueur-acteur, parle le texte et le compose
en spectacle tout en masquant qu'il en est à la source dans
un but d'objectivité. Cependant bien qu'il soit, en tant que
narrateur, partiellement extérieur à l'action, il subit néanmoins, comme acteur, des contraintes formelles analogues à
celles que connaissent les autres personnages, c'est-à-dire
qu'il se trouve investi par la présence d'un ou de plusieurs
actants et qu'il se définit par la place qu'il occupe dans un

système relationnel analysable selon les termes du modèle actantiel proposé par Greimas.

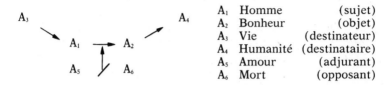

A_1	Homme	(sujet)
A_2	Bonheur	(objet)
A_3	Vie	(destinateur)
A_4	Humanité	(destinataire)
A_5	Amour	(adjurant)
A_6	Mort	(opposant)

Le juge Othon, à l'opposé du concierge qui est soumis progressivement à l'influence du soleil, est d'emblée un personnage solaire, placé sous le signe de la lumière et du ciel. Dans une conversation avec Tarrou, le juge quitte « *son air rêveur* » et, « *le regard comme suspendu au ciel* » (I, 1336), déclare que « *ce n'est pas la loi qui compte, c'est la condamnation* ». Ne trouve-t-il pas, d'ailleurs, le premier prêche du père Paneloux « *absolument irréfutable* ». Les différentes étapes de l'agonie de son fils sont ponctuées par le progrès de la lumière qui s'infiltre dans la chambre où l'enfant se meurt : « *l'aube* » (1391) ; « *le jour s'élargissait dans l'ancienne salle d'école* » ; « *La lumière s'enfl[e] dans la salle. [...] [§] Le long des murs peints à la chaux, la lumière passait du rose au jaune. Derrière la vitre, une matinée de chaleur commençait à crépiter.* » (1393). Et ce n'est qu'après la mort de son enfant que le juge décide de s'occuper activement des pestiférés. Ce changement d'attitude est balisé par un jeu de lumière crépusculaire : « *Le soleil baissait à l'horizon [...] ses rayons entraient latéralement dans les tribunes [...] le juge continuait de regarder du côté d'où venait le soleil. [...] le ciel s'était découvert. Une lumière douce et fraîche baignait le camp.* » (1415). Othon qui poursuit son trajet vers la nuit trouve la mort en hiver au moment où la peste s'affaiblit rapidement.

Le père Paneloux, personnage sensiblement plus important que les deux précédents, ne serait-ce que par la masse de texte descriptif qui lui est consacrée, apparaît pour la pre-

mière fois à midi donnant le bras au concierge qui vient de
succomber aux premières atteintes de la maladie. L'Église
décide de lutter contre la peste en organisant une semaine
de prières collectives se terminant par le prêche de Paneloux
qui a lieu sous le signe de la pluie et du vent : « *Depuis la
veille, le ciel s'était assombri, la pluie tombait à verse.* [...]
[§] *La pluie redoublait au-dehors et cette dernière phrase,
prononcée au milieu d'un silence absolu, rendu plus profond
encore par le crépitement de l'averse sur les vitraux* [...]. »
(I, 1294) ; « *Paneloux* [...] *comme s'il montrait quelque chose
derrière le rideau mouvant de la pluie* [...]. » (1295) ; « *Un
vent humide s'engouffrait à présent sous la nef* [...]. » (1296) ;
« *Au-dehors, la pluie avait cessé. Un ciel mêlé d'eau et de
soleil déversait sur la place une lumière plus jaune.* » (1297).
Le second prêche est prononcé le soir par un temps de grand
vent : « *Le soir du prêche* [...], *le vent, qui s'infiltrait en filets
d'air* [...]. » (1399) ; « [§] *Paneloux s'arrêta,* [...] *les plaintes
du vent qui semblait redoubler au-dehors.* » (1401) ; « *Quand
Rieux sortit, un vent violent s'engouffra par la porte entrou-
verte et assaillit en pleine face les fidèles.* » (1403). Entre ces
deux prêches Paneloux s'est inscrit aux équipes sanitaires et
fut témoin de l'agonie et de la mort du fils Othon, marquées,
comme on l'a vu, du signe de la lumière et de la chaleur. C'est
en plein soleil qu'il rejoint Rieux pour tenter de se justifier.
Contrairement à la plupart des victimes de la peste, Paneloux
tombe malade le soir et meurt durant la nuit.

Les deux personnages, celui du juge et celui du religieux,
sont particularisés par une transformation actantielle qui
s'exprime à l'aide d'une métamorphose qualificative que l'on
peut ainsi représenter :

jour → nuit

soleil → crépuscule

pluie → vent

opposant → adjuvant

Programmés dès leur insertion dans la fable comme dérivation ($E = M + v$) de la structure première, les personnages spécifiés sont le lieu d'une rectification, la dominance Mort se trouvant progressivement neutralisée pour laisser place à une stabilité structurelle du type ($E = V + M$). Cet équilibre relationnel nécessite par la même occasion l'élimination du personnage qui ne peut se manifester que sous forme de tension.

Tarrou et Cottard, bien qu'appartenant au même groupe de personnages, bénéficient d'un statut ambigu à en juger par le nombre et le type de qualifications qui les caractérisent. La première rencontre de Tarrou et de Rieux, avons-nous dit, a lieu l'après-midi sur l'escalier de l'immeuble où ils habitent. Dès la déclaration officielle de l'épidémie, Tarrou devient l'adjuvant de Rieux et organise les équipes sanitaires. Leur première entrevue, demandée par Tarrou, prend place la nuit dans le bureau de Rieux éclairé par une seule lampe. La discussion s'engage et se poursuit sur un fond d'ombre et de lumière. Tarrou avance la tête dans la lumière lorsqu'il demande à Rieux s'il croit en Dieu. La réponse négative de Rieux se laisse entendre dans l'ombre. L'entretien se termine sur le palier, le médecin essaye d'actionner la minuterie, mais les escaliers restent plongés dans la nuit et c'est alors que Tarrou répond dans le noir qu'il connaît tout de la vie. Tarrou se dévoile à Rieux une seconde fois, le soir, sur la terrasse du vieil asthmatique. Le « *regard plongeait sur un horizon où le ciel et la mer* [...]. *Le silence était absolu.* » (I, 1417). Un même jeu d'ombre et de lumière accompagne cette rencontre. Avant de parler de son expérience de la vie, Tarrou se lève, se penche sur le parapet et Rieux tassé au creux de sa chaise ne voit de lui qu'une forme massive, découpée dans le ciel. À la fin du récit, la brise prend plus de force et un souffle de vent venu de la mer apporte une odeur de sel. Au moment où Tarrou déclare qu'il veut devenir un saint, une vague lueur venant du ciel auréole son visage. Le vent se lève et ce moment d'amitié est consacré par une baignade qui permet d'oublier, l'espace d'un instant, la présence de l'épidémie.

Tarrou tombe malade et meurt quelques jours avant l'ouverture des portes de la ville. La maladie se déclare à midi et son agonie a lieu par un temps de pluie et de grêle. Dans l'ombre de la pièce Tarrou est éclairé par une lampe de chevet. Les différentes phases de sa lutte contre la peste sont ponctuées par des qualificatifs d'ombre et de lumière : « *aube* » (I, 1451) ; « *le jour était encore noir* » (1453) ; « *sept heures* [...] *le jour filtrait rapidement et* [...] *les traits du malade émergèrent de l'obscurité* » (1454) ; « *À midi* [...] *la lumière qui venait alors éclairer sa face dévastée se fit plus pâle* [...]. *L'orage qui secouait ce corps de soubresauts convulsifs l'illuminait d'éclairs de plus en plus rares* [...]. » (1455) ; « *Cette forme* [...] *tordue par tous les vents haineux du ciel, s'immergeait* [...] *dans les eaux de la peste* [...] ».

Tarrou, personnage oblique, est qualifié par un nombre quasi égal de caractérisants appartenant à deux séries opposées :

jour/nuit
lumière/ombre
ciel/mer

Il réalise d'emblée et de manière continue l'idéal équilibre relationnel (E = V + M) de l'univers mythique qui ne peut se manifester dans le roman que comme perturbation. Et en ce sens, la sainteté n'est rien d'autre que l'impossible coïncidence des éléments Vie et Mort que le discours camusien institue en système et anime d'un sens vectoriel. De sorte que le personnage est appelé à disparaître au moment même de l'instauration de l'ordre vrai du texte.

Cottard, le dernier personnage présenté, est également le dernier à disparaître. On le découvre d'abord l'après-midi, pendu dans sa chambre et on le ranime. Être à la fois de jour et de nuit, il se distingue par la masse de qualifications auxquelles il donne lieu au cours de ses multiples apparitions dans le texte. Ainsi au moment où il fixe un rendez-vous à Rambert en vue de l'évasion de celui-ci, le ciel est lourd, la ville cuit lentement et la chaleur déjà pénible monte encore. Cependant, Cottard passe progressivement sous l'influence de caractérisants nocturnes. Lors de la déclaration officielle annonçant la fin de la peste, Cottard montre des signes inquiétants d'instabilité, il disparaît, s'enferme dans sa chambre le jour pour ne sortir que la nuit. C'est dans l'ombre du couloir de son appartement que deux agents l'interpellent et c'est dans la nuit qu'il s'enfuit poursuivi par les deux hommes. Son arrestation a lieu au crépuscule et lorsqu'il est fait prisonnier à la nuit tombante, il manifeste des symptômes de folie.

On remarquerait jusqu'à maintenant que l'ordre de la mort et celui de la vie se laissent définir par une relation mutuelle d'imbrication. Le personnage camusien peut ainsi être mort dans la vie : Othon et Paneloux suivent la trajectoire mort→vie, mais trop tard ; Tarrou prétend réaliser l'impossible équilibre mort—vie, tandis que Cottard, mort sursitaire, vit dans la mort pour enfin mourir (folie) dans la vie. Ces personnages portent dès l'origine les signes de leur essence en sorte que leur faire ne peut se réaliser que sous la forme redondante d'une obéissance à leur inscription initiale.

*

Afin de pouvoir procéder à l'établissement du modèle qualificatif informant l'univers sémantique de *La Peste*, nous examinerons maintenant le statut des personnages appartenant à la seconde catégorie, mentionnée plus haut.

Le vieil Espagnol asthmatique passe la majeure partie de son temps au lit, cloîtré dans une petite pièce qui sert à la fois de salle à manger et de chambre à coucher. Toujours allongé, il est littéralement l'être horizontal dont l'activité principale se résume à évaluer le temps au moyen de pois

chiches qu'il transvase invariablement d'une marmite dans
une autre. Toutes les visites que lui rendent Rieux et Tarrou,
à part la première, se font la nuit. Bien que de la terrasse
située au-dessus de sa chambre, on découvre une vue panora-
mique de la ville et de la mer, le vieillard refuse de quitter
son lit et reste claustré entre quatre murs, cas limite d'un
personnage qui déploie son activité dans une aire caracté-
risée au plus haut degré par l'horizontalité, l'exiguïté et
l'ombre.

Par un concours de circonstances, Rambert, journaliste,
se trouve séquestré à Oran alors qu'il y fait un reportage.
D'origine étrangère, il ne se sent qu'indirectement concerné
par l'épidémie et fait en conséquence tout son possible pour
s'évader de la ville. Toutes les apparitions de Rambert qui
sont liées au projet d'évasion sont associées à des qualifications diurnes : matin, ciel lourd, air lourd, chaleur, chaleur
humide et étouffante. S'agissant des rencontres avec Rieux
et Tarrou, autant d'étapes vers l'adhésion à la lutte, les qualifications sont d'ordre nocturne : nuit, obscurité, ombre,
espace clos. La décision de Rambert de se joindre aux équipes de Rieux et de Tarrou, et par contrecoup d'abandonner
son projet de fuite, est accompagnée de la description suivante : « *Ils suivirent un petit couloir dont les murs étaient
peints en vert clair et où flottait une lumière d'aquarium.
Juste avant d'arriver à une double porte vitrée, derrière
laquelle on voyait un curieux mouvement d'ombres* [...]. » (I,
1385). En s'associant aux autres ombres qui combattent la
peste, Rambert ne fait que réaliser au niveau de l'explicite
son essence nocturne, implicitement devinée lors de son inscription initiale dans la fiction : « *Le crépuscule envahissait
la salle comme une eau grise* [...]. [...] *Rambert semblait une
ombre perdue et Rieux pensa que c'était l'heure de son abandon.* » (1307).

Joseph Grand, héros de la chronique selon le narrateur,
est lui aussi doté de qualifications spatio-temporelles distinc-
tes. Liées étroitement à la tentative de suicide de Cottard, ses

deux premières apparitions dans la fable sont annoncées par des notations diurnes : après-midi ensoleillé et matinée de chaleur étouffante. Grand, cependant, attend Rieux dans la fraîcheur de l'escalier ou sur le palier de l'immeuble. Et il en est ainsi la plupart du temps. Par exemple, lorsque pour la première fois il parle de son travail personnel, le « *crépuscule* [...] *reculait déjà devant la nuit et les premières étoiles apparaissaient dans l'horizon encore net* » (I, 1249). Et c'est par un soir de vent qu'il lit à Rieux, dans son appartement, la première phrase de son livre. Ayant offert ses services au médecin dès l'apparition de l'épidémie, Grand poursuit la nuit son travail d'écriture. Néanmoins il tombe malade à midi, heure glacée de l'hiver, et sur son lit d'agonie demande, à la tombée de la nuit, à ce qu'on lui remette son manuscrit d'une cinquantaine de pages, toutes portant la même phrase invariablement recopiée, et ordonne qu'on le brûle. « [...] *Rieux jeta les feuilles dans le feu presque éteint. La pièce s'illumina rapidement et une chaleur brève la réchauffa.* » (1432). Ce n'est qu'une fois le texte brûlé que la fièvre disparaît et le lendemain soir apporte la guérison. Personnage d'ombre et de lumière, Sisyphe recommençant infatigablement la même phrase, Grand, consumé par la fièvre, ne se rétablit qu'au moment où l'écriture se découvre comme chaleur et lumière, se résorbe par le feu pour laisser place à la nuit.

Bernard Rieux, en tant que médecin, est le premier à reconnaître les symptômes de l'épidémie, et à lutter contre elle en soignant ceux qui en sont atteints. Il apparaît dans la scène initiale qui ouvre le récit premier, le matin sur le palier de son appartement et clôt la fable, la nuit, sur les hauteurs de la terrasse du vieil asthmatique. Narrateur, acteur, c'est avant tout comme médecin qu'il figure dans de nombreuses configurations dramatiques. Rieux, plus que tout autre personnage se définit par son accessibilité à la mer. La fenêtre de son bureau, devant laquelle parfois il se place, donne sur la baie. Au moment où le mot *peste* est prononcé

pour la première fois, Rieux a le regard tourné vers la mer :
« *Seule la mer, au bout du damier terne des maisons, témoignait de ce qu'il y a d'inquiétant et de jamais reposé dans le monde. Et le docteur Rieux, qui regardait le golfe* [...]. » (I, 1247). L'entretien qui prend place sur la terrasse du vieil asthmatique, entre Rieux et Tarrou, s'achève par une baignade qui consacre l'amitié des deux personnages. Et c'est de cette même terrasse regardant la mer et la nuit que le docteur décide, après le départ de la peste, de rédiger son récit.

Les rares fois où Rieux est présenté de jour, il est toujours situé dans un espace clos : escalier, palier, salle de consultation, chambre de Cottard ou de Grand, clinique, etc. L'unique fois où se trouvent combinées les coordonnées du diurne et de l'ouvert, c'est lors de l'affrontement avec Paneloux, juste après la mort du fils Othon :

Il s'assit sur un banc, entre les petits arbres poudreux, et essuya la sueur qui lui coulait déjà dans les yeux. Il avait envie de crier encore pour dénouer enfin le nœud violent qui lui broyait le cœur. La chaleur tombait lentement entre les branches des ficus. Le ciel bleu du matin se couvrait rapidement d'une taie blanchâtre qui rendait l'air plus étouffant. Rieux se laissa aller sur son banc. Il regardait les branches, le ciel, retrouvant lentement sa respiration, ravalant peu à peu sa fatigue.   (I, 1394-5)

C'est surtout dans l'environnement de la nuit, moment des confidences avec Tarrou, Grand ou Rambert, moment de l'amitié, moment de l'oubli de la peste aussi bien que du souvenir, que Rieux se voit doté d'un grand nombre de qualifications. Dès son premier entretien avec Tarrou, dans l'obscurité de son bureau, Rieux ne déclarait-il pas à son interlocuteur : « *Je suis dans la nuit, et j'essaie d'y voir clair.* » (I, 1320) ?

Le vieil Espagnol, Rambert, Grand et Rieux réalisent à divers degrés la dominance Vie de la structure initiale $E = V + M$. Ils reçoivent dès leur inscription dans la fable des qualifications spatio-temporelles particulières qui manifestent les prédicats associés à la vie, alors que les personnages plus haut mentionnés se présentent à des degrés divers et compte tenu de certaines transformations, comme les adjuvants de la mort. Il semble désormais possible à la suite de cette double description de dresser le modèle qualificatif qui informe et commande le micro-univers sémantique de *La Peste.*

	VIE		MORT		
SYMBOLES	SÉMÈMES	SÈMES	SÈMES	SÉMÈMES	SYMBOLES
v_1	obscurité	ombre opacité	clarté transparence	lumière	$\overline{v}_1$
v_2	horizontalité	soulagement libération	oppression contrainte	verticalité	$\overline{v}_2$
v_3	froid	froid	chaleur	chaleur	$\overline{v}_3$
$\overline{m}_1$	transformation	dynamisme altération	statisme impassibilité	immobilité	m_1
$\overline{m}_2$	exiguïté	délimitation	indéfini	immensité	m_2
$\overline{m}_3$	liquidité	fluidité légèreté	densité lourdeur	gazéité	m_3

On pourrait reprendre ici certaines remarques de A.J. Greimas à propos de l'univers bernanosien [1]. Le modèle qualificatif est formé de trois paliers hiérarchiques : vie et mort sont deux actants deixis marqués par deux espaces noologiques distincts, les qualifications ou sémèmes servent de relais entre actants et sèmes, ceux-ci de nature proprioceptive s'organisent en deux classes oppositionnelles et constituent un modèle axiologique propre à l'univers camusien. On a déjà insisté sur les multiples occurrences au long de la diégèse de l'analogie *mer-vie* vs *soleil-mort.* Il a été montré que

les personnages sont atteints de peste durant le jour, que
la maladie reflue au cours de la nuit et que la mort se produit à midi. M. Michel, le fils Othon et Tarrou meurent tous
trois à midi. Et quelques jours avant l'ouverture des portes
de la ville, Rieux reçoit à midi un télégramme lui annonçant
la mort de sa femme. La mer est, par contre, le lieu privilégié
de la vie. Interdite pendant la durée de l'épidémie, elle est de
nouveau accessible une fois les portes réouvertes. Mais au
cours de l'épidémie c'est essentiellement la nuit qu'elle est
entrevue, qu'elle répand ses odeurs sur la ville, qu'elle est
visitée par Rieux et Tarrou et enfin qu'elle fournit le cadre
à la clôture du récit.

Que les actants Vie/Mort se manifestent au travers
d'acteurs-personnages ou d'acteurs-milieu, l'opposition sémique *ombre* vs *clarté* se révèle fondamentale pour comprendre
l'axiologie camusienne. Le soleil-mort est transparence, la
mer-vie opacité. D'autres qualifications peuvent encore être
sollicitées : le soleil est vertical, chaud, immobile, la mer est
horizontale, froide et changeante. On s'aperçoit ainsi que le
soleil à lui seul, en tant qu'acteur mortel, syncrétise quatre
sémèmes parmi les douze plus haut établis : $\overline{v}_1$, $\overline{v}_2$, $\overline{v}_3$, m_1. Il
est à noter que la manifestation de la mort en tant que
lumière confirme la manifestation de la vie comme obscurité.
Les autres lexèmes récurrents dénotant le milieu et l'environnement (*jour/nuit*, *pluie/vent*, *espace indéfini/espace clos*)
apparaissent comme autant de représentations actorielles des
actants Vie/Mort et se laissent analyser dans le cadre du
modèle qualificatif élaboré ci-dessus.

Les douze sémèmes ainsi construits spécifient le contenu
de la vie et celui de la mort de sorte que les six sémèmes se
rapportant à l'actant Vie s'accordent à définir positivement
la vie et négativement la mort, et inversement pour ceux se
rapportant à l'actant Mort. Le modèle qualificatif se précise
à partir de deux séries opposées où chaque terme de la série
prend son sens en fonction du rapport qu'il entretient avec
son contraire et son contradictoire.

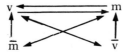

(où → marque la présupposition et ⟷ la contradiction)

Cette structure achronique, inspirée de la logique formelle, rend compte des premières articulations du sens à l'intérieur du micro-univers de *La Peste*. Toutefois, cette structure de base fonde la diégèse comme déséquilibre relationnel par la conjonction d'acteurs (personnages ou éléments du milieu) qui réalisent à divers degrés la dominance Mort ou Vie. Dès lors, le récit s'instaure comme projection, transformation et résolution d'un système relationnel initial déséquilibré par la rencontre d'acteurs singularisés.

*

L'étude des qualifications des actants Mort/Vie a permis de dégager le modèle qualificatif de nature proprioceptive qui informe l'univers de *La Peste*. L'espace noologique, conçu comme prolongement de l'être, coïncide avec le milieu mais consacre l'acteur-personnage comme lieu privilégié de la manifestation de l'être. Les différents personnages, avons-nous dit, actualisent dans leur complexité la dominance soit de l'actant Vie, soit de l'actant Mort et s'organisent en deux classes opposites prédiquées négativement (Mort) ou positivement (Vie). Les personnages de la première série, supports d'illusions, sont par là même amenés à disparaître et à laisser place à ceux de la seconde série, porteurs de vérités. Il semble donc légitime de poser comme hypothèse de départ l'équivalence entre la Vie et la Vérité, la Mort et l'Illusion et de pratiquer la réduction suivante des actants sujets :

$$\frac{\text{Vie}}{\text{Mort}} \simeq \frac{\text{Vérité}}{\text{Illusion}}$$

On peut effectuer un premier classement des Illusions en tenant compte des énoncés-messages mis à jour au cours de l'analyse des acteurs-personnages.

ILLUSIONS

Absolu	Justice
Raison	Certitude
Droit	Indifférence

L'inventaire des Vérités s'opère à partir deş mêmes principes d'où la possibilité de constituer un schéma oppositionnel :

ILLUSIONS		VÉRITÉS
Absolu		Relatif
Raison		Sentiment
Droit		Devoir
Justice	vs	Tolérance
Certitude		Doute
Indifférence		Passion

Le système des illusions et celui des vérités, articulés au niveau de l'expression figurée des actants s'expriment dans l'univers romanesque sous la forme d'une multiplicité diversifiée d'acteurs (personnages ou milieu). Il reste dès lors à comparer les résultats des deux analyses précédentes pratiquées sur les actants Mort/Vie d'une part, Illusions/Vérités d'autre part, afin de dégager le type de rapport existant entre l'espace cosmologique et l'espace noologique de *La Peste*.

Prédication positive		Prédication négative	
VÉRITÉS ≃ VIE		MORT ≃ ILLUSIONS	
ACTANTS	QUALIFICATIONS	QUALIFICATIONS	ACTANTS
Relatif	Obscurité	Lumière	Absolu
Sentiment	Horizontalité	Verticalité	Raison
Devoir	Froid	Chaleur	Droit
Tolérance	Transformation	Immobilité	Justice
Doute	Exiguïté	Immensité	Certitude
Passion	Liquidité	Gazéité	Indifférence

Tout comme les actants Vie/Mort se réalisent dans et par deux groupes d'acteurs-personnages, les actants Vérités/ Illusions se manifestent également dans et par les mêmes séries opposites d'acteurs. Ainsi, parler d'Othon en termes de ciel, de soleil, de lumière et de chaleur, ou en termes d'absolu, de raison, de droit et de justice, en termes de mort ou d'illusions, revient finalement à ne dire qu'une seule et même chose.

Nous avons dit plus haut que le récit se fonde et se déploie sous forme de déséquilibre relationnel où l'ensemble *Vie—Vérités* tend progressivement à dominer l'ensemble *Mort—Illusions* sans pour autant gommer complètement ce dernier. Ainsi la fable se clôt comme par un effet de suspension, résolution provisoire d'un équilibre précaire dont l'issue demeure tout idéale. Le milieu dans lequel se manifeste momentanément l'existence humaine se définit par un syncrétisme du modèle qualificatif à dominance de Vie :

$$\frac{\text{Obscurité}}{\text{lumière}} \simeq \frac{\text{Horizontalité}}{\text{verticalité}} \simeq \frac{\text{Froid}}{\text{chaleur}} \simeq \frac{\text{Transformation}}{\text{immobilité}} \simeq \frac{\text{Liquidité}}{\text{gazéité}}$$

Mais tout comme la nuit s'efface inexorablement devant le jour et l'hiver devant le printemps, l'aventure humaine pour Camus s'inscrit dans un cycle historique transcendant à l'homme. Le héros camusien, être nocturne, se parfait dans l'obscurité en s'insurgeant contre le jour. Projeté dans un monde régi par des universaux qui lui échappent, et bien qu'il se définisse partiellement par des valeurs qu'il accepte ou qu'il récuse, il n'en demeure pas moins lié à la réalisation inéluctable de sa nature originellement donnée.

*

L'analyse qualificative et fonctionnelle de *La Peste* a permis de mettre à jour 'les articulations particulières à l'espace cosmologique et noologique du micro-univers romanesque considéré. Il s'agit maintenant d'en expliciter la portée.

Nous avons à plusieurs reprises remarqué la récurrence de motifs descriptifs, les uns liés à l'espace Vie—Vérités (couloirs, escaliers, paliers, chambres, salles), les autres liés à l'espace Mort—Illusions (rues, places, quais, stades). Le cas de Rambert s'avère à ce propos particulièrement exemplaire. À deux reprises il fait l'expérience de l'ombre. D'abord, alors qu'il est seul dans l'obscurité d'une salle de café noyée de crépuscule, il « *semble une ombre perdue* » à « *l'heure de son abandon* » (I, 1307). Ensuite, quand il se joint aux équipes sanitaires et qu'il est introduit par Tarrou, après avoir suivi un couloir, dans une salle fermée par « *une double porte vitrée, derrière laquelle on voyait un curieux mouvement d'ombres* » (1385). Cet espace clos et obscur où se meuvent des ombres représente le milieu privilégié des actants Vie et Vérités. C'est en quelque sorte le topos idéal de l'homme authentique selon Camus. Aussi est-on tenté, afin d'éprouver le sens du récit qui sous bien des aspects possède une structure mythique, de le rapprocher d'un autre mythe, celui de la caverne dont il est question au septième Livre de *La République*[2]. Nous ferons à cet effet un large usage de la citation.

Représente-toi donc les hommes qui vivent dans une sorte de demeure souterraine en forme de caverne, possédant, tout le long de la caverne, une entrée qui s'ouvre largement du côté du jour ; à l'intérieur de cette demeure ils sont, depuis leur enfance, enchaînés par les jambes et par le cou [...]. Quant à la lumière, elle leur vient d'un feu qui brûle en arrière d'eux, vers le haut et loin. Or entre le feu et les prisonniers, imagine la montée d'une route en travers de laquelle il faut te représenter qu'on a élevé un petit mur qui la barre, pareil à la cloison que les montreurs de marionnettes placent devant les hommes qui manœuvrent celles-ci et au-dessus de laquelle ils présentent ces marionnettes aux regards du public. [...]

C'est à nous qu'ils sont pareils ! répartis-je. Peux-tu croire en effet que des hommes dans leur situation, d'abord, aient eu d'eux-mêmes et les uns des autres aucune vision, hormis celle des ombres que le feu fait se projeter sur la paroi de la caverne qui leur fait face ? [...] Et maintenant s'ils étaient à même de converser entre eux, ne croiras-tu pas qu'en nommant ce qu'ils voient ils penseraient nommer les réalités mêmes ? [...] Dès lors, repris-je, les hommes dont telle est la condition tiendront pour être le vrai, absolument rien d'autre que les ombres projetées par les objets fabriqués. [...]

Or, repris-je, suppose qu'on le tire par force de là où il est, tout au long de la rocailleuse montée, de son escarpement, et qu'on ne le lâche pas avant de l'avoir tiré dehors, à la lumière du soleil [...]. Il aurait donc, je crois, besoin d'accoutumance pour arriver à voir les choses d'en haut. Ce sont leurs ombres que d'abord il regarderait le plus aisément, et, après, sur la surface des eaux le simulacre des hommes aussi bien que des autres êtres ; plus tard, ce serait ces êtres eux-mêmes. À partir de ces expériences, il pourrait pendant la nuit, contempler les corps célestes et le ciel lui-même, fixer du regard la lumière des astres, celle de la lune, plus aisément qu'il ne le ferait, de jour, pour le soleil comme pour la lumière de celui-ci — comment n'en serait-il pas ainsi ? — Finalement, ce serait, je pense, le soleil qu'il serait capable dès lors de regarder, non pas réfléchi sur la surface de l'eau, pas davantage l'apparence du soleil en une place où il n'est pas, mais le soleil lui-même dans le lieu qui est le sien ; bref de le contempler tel qu'il est. [...]

[...] suppose un pareil homme redescendu dans la caverne, venant se rasseoir à son même siège [...]. Quant à ces ombres de là-bas, s'il lui fallait recommencer à en connaître et à entrer, à leur sujet, en contestation avec les gens qui là-bas n'ont pas cessé d'être enchaînés [...] est-ce qu'on ne dirait pas de lui que de son ascension vers les hauteurs, il arrive la vue ruinée, et que cela ne vaut pas la peine de seulement tenter d'aller vers les hauteurs ? et celui qui entreprendrait de les délier et de leur faire gravir la pente, ne crois-tu pas que, s'ils pouvaient de quelque manière le tenir en leurs mains et le mettre à mort, ils le mettraient à mort, en effet ? — c'est tout-à-fait incontestable ! dit-il.

Sans doute existe-t-il une certaine disproportion formelle entre la composition du mythe et celle du roman, mais néanmoins il mérite d'être retenu que le mythe, comme le roman, introduit un déséquilibre relationnel qui demande à être résolu, et qu'il met en scène des acteurs singularisés pouvant syncrétiser plusieurs actants auxquels sont attribuables des prédicats tant fonctionnels que qualificatifs.

L'hypothèse initiale de nature intuitive, postulant une certaine parenté entre *La Peste* et le mythe de la Caverne ne pourra se vérifier que par la confrontation de l'organisation des deux micro-univers sémantiques. Et pour ce faire, nous pratiquerons une analyse du mythe platonicien selon les principes utilisés plus haut pour *La Peste*. Comme pour le texte camusien, on isolera une première isotopie à partir de la structure simple $E = V + M$ à dominance alternée, ce qui permettra de constituer le modèle qualificatif informant l'univers mythique.

	VIE		MORT		
SYMBOLES	SÉMÈMES	SÈMES	SÈMES	SÉMÈMES	SYMBOLES
v_1	lumière	clarté transparence	ombre opacité	obscurité	$\overline{v}_1$
v_2	verticalité	ascension libération	étendue contrainte	horizontalité	$\overline{v}_2$
v_3	chaleur	chaleur	froid	froid	$\overline{v}_3$
$\overline{m}_1$	immobilité	identité statisme	changement dynamisme	mouvement	m_1
$\overline{m}_2$	immensité	indéfini	délimité	exiguïté	m_2
$\overline{m}_3$	gazéité	légèreté	réfraction	liquidité	m_3

Le modèle constitutif s'articule ainsi selon les mêmes principes que celui du récit, à savoir :

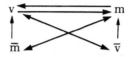

À l'encontre du récit où le sens se tisse et se découvre progressivement tout au long de la diégèse, le mythe, interprété par Socrate, dévoile d'emblée sa signification. Les deux discours privilégient cependant un nombre réduit de lexèmes récurrents constituant la manifestation « figurative », non organique des micro-univers : jour, soleil, ciel, lumière, nuit, ombre, eau. Dans le mythe toutefois, l'espace clos de la caverne réunira les sémèmes de l'inventaire Mort et l'espace ouvert de la lumière réunira ceux de l'inventaire Vie. En somme, de Platon à Camus se produit une inversion du modèle qualificatif. Cette même inversion se trouvera réalisée au niveau de l'espace noologique, puisque le mythe pratique un classement hiérarchique et oppositionnel des Vérités et des Illusions que l'on peut ainsi schématiser :

VÉRITÉS		ILLUSIONS
Absolu		Relatif
Raison		Sentiment
Droit	*vs*	Déception
Justice		Réserve
Savoir		Songe
Devoir		Passion

On remarquera une quasi-identité entre le mythe et le récit quant à la nomination des Vérités et des Illusions. La différence provient du renversement des pôles : les Vérités de l'un deviennent les Illusions de l'autre et inversement. En d'autres termes si le modèle reste identique dans sa forme, globale, du mythe au roman son contenu sémantique se déplace au point de se retourner.

Il sortirait de notre propos de retracer les influences éventuelles de Platon sur Camus. Il nous importe simplement d'enregistrer l'inversion. D'autre part, les concepts ou universaux — absolu, raison, droit, justice, savoir — sont immédiatement reconnaissables comme appartenant à l'idéologie de la plupart des systèmes oppressifs qui tentent en leur nom de justifier leur assujettissement de l'homme. En leur opposant le relatif, le sentiment, le devoir, la tolérance, le doute et la passion, selon une constellation qui lui est propre, Camus non seulement propose à ses lecteurs son idéal de vie, mais encore dénonce la violence inhérente à tout système qui se fonde sur des valeurs transcendantes en même temps qu'il démantèle le bastion du platonisme s'il est vrai, comme l'écrit Julia Kristeva [3], que celui-ci se trouve à l'origine de la plupart de nos présupposés philosophiques. Texte charnière, *La Peste* comme récit s'approprie le modèle du mythe pour mieux le subvertir. S'articulant à l'intérieur du paradigme platonicien, il en renverse les éléments constitutifs, et par là même contribue à mettre en question toute littérature, c'est-à-dire presque toute la littérature, qui réécrit le mythe ancien. Le roman de Camus contient déjà en lui les germes d'une mutation, celle du Nouveau Roman.

NOTES

ÉDITION UTILISÉE

I 1963

*

1. A.J. GREIMAS, *Sémantique structurale* (Paris, Larousse, 1966), pp. 222—56.

2. PLATON, *La République*, trad. Léon ROBIN (Paris, Gallimard, « Bibl. de la Pléiade », 1966), pp. 1101—5.

3. J. KRISTEVA, *Le Texte du roman* (Paris, Mouton, 1970), p. 147.

LA PESTE

COMME TEXTE QUI SE DÉSIGNE

analyse des procédés d'autoreprésentation
par Brian T. Fitch

L*a Peste* est un texte dans lequel il est souvent question d'autres textes, de textes de toutes sortes, d'ailleurs, dont l'envergure va du plus petit au plus grand et dont le statut varie entre l'esthétique et le fonctionnel le plus pratique. On pourrait même prétendre que le véritable sujet de *La Peste* est le texte sous toutes ses formes.

Après s'être désignée elle-même comme texte dès sa première phrase : « *Les curieux événements qui font le sujet de cette* CHRONIQUE *se sont produits en 194., à Oran.* » (I, 1217), *La Peste* figure 170 occurrences d'une cinquantaine de termes différents qui désignent soit un texte soit les parties constituantes d'un texte. Les nombreuses formes d'écriture désignées peuvent être classées, pour les besoins pratiques de notre analyse, en plusieurs catégories. En plus de la « *chronique* »[1] figurent plusieurs genres littéraires tels « *roman - roman policier - épopée - récit - carnets* », et les mots généraux « *histoire* » et « *texte* ». Y figurent également les genres d'écrits non-littéraires comme « *feuilleton - lettre - traité - travail* (écrit) *- note - bulletin - journal* » et « *télégramme* », ainsi que les termes relevant du journalisme et de la vie administrative et gouvernementale : « *reportage - commu-*

niqué - décrets - dépêche - déclaration préfectorale - décla-
ration administrative - annonce - déposition - publication de
statistiques - arrêt - arrêté » et « *rapport* ». Les mini-textes
qui servent, par exemple, à renseigner y ont aussi leur place,
tels « *curriculum vitae - bulletin de renseignements - écri-*
teau - affiche - pancarte - mot d'ordre - laisser-passer -
message » et « *ordonnance* ». Une fonction analogue est rem-
plie par « *l'indicateur Chaix - le graphique - tableau de sur-*
veillance » et « *feuilles de statistiques* ». D'autres termes réfèrent à la matérialité du texte écrit comme « *livre - ouvrage -*
documents - fiche - dossiers - livre de chevet - papiers -
manuscrit - feuille - feuille manuscrite - pages ». Finalement,
il y a les parties constituantes du texte : « *mots - mots justes -*
signes - formules - phrases - bouts de phrase - cliché - clauses
de style - longue période - lignes - observations » et « *remar-*
ques ». Cette énumération sommaire suffira à faire ressortir
la variété des termes évoquant le langage écrit. Et ce n'est
pas là l'aspect le moins remarquable du lexique de *La Peste*.

Parler de textes, évoquer le texte sous toutes ses différentes formes possibles, c'est, lorsque ce qui parle est lui-
même texte, nécessairement parler de soi. Autrement dit,
nous venons d'énumérer autant de façons dont ce texte se
désigne. Mais parler de soi en se nommant n'est pas la seule
manière de se désigner. L'autoreprésentation à laquelle le
texte se livre consiste en toute une gamme de procédés dont
témoigne d'une manière exemplaire *La Peste*.

Que le langage et ses insuffisances figurent largement
dans la thématique de ce texte ne saurait échapper à personne : « [...] *il fallait des mesures complètes, non des*
PHRASES [...].* » (I, 1265), nous dit-on, et : « *Ce n'est pas une*
question de VOCABULAIRE, *c'est une question de temps.* »
(1256). L'essentiel se trouve ailleurs que dans les mots et le
langage n'a pas de prise sur la réalité vécue :

Les médecins se consultèrent et Richard finit par dire :
— Il faut donc que nous prenions la responsabilité d'agir
comme si la maladie était la peste.

La formule fut chaleureusement approuvée :
— C'est aussi votre avis, mon cher confrère ? demanda Richard.
— La FORMULE m'est indifférente, dit Rieux.   (I, 1256-7)

Mais la thématique de l'ouvrage en tant que telle n'importe guère dans le présent contexte. Plus pertinente ici est la manière dont le langage tend à fournir un commentaire sur lui-même : « [...] *les mots "transiger" "faveur", "exception", n'avaient plus de sens.* » (I, 1272) ; « [...] *le mot même de "nouveauté" avait perdu son sens.* » (1397). Le langage attire l'attention sur lui-même aussi bien au niveau de la narration à cause des « *précautions de langage* » (1220) qui se renouvellent sans cesse, qu'au niveau de la fiction :

Le docteur remarqua que Grand, parlant de Cottard, l'appelait toujours « le désespéré ». Il employa même à un moment l'expression « résolution fatale ». Ils discutèrent sur le motif du suicide et Grand se montra tatillon sur le choix des termes. On s'arrêta enfin sur les mots « chagrins intimes ». Le commissaire demanda si rien dans l'attitude de Cottard ne laissait prévoir ce qu'il appelait « sa détermination ».   (I, 1241)

Il est curieux de remarquer que, paradoxalement, tout en insistant sur le fait que l'essentiel, l'expérience de la peste, « *n'est pas une affaire de vocabulaire* » (1256), *La Peste* tend à se réduire elle-même à une affaire de langage. Et cela non seulement parce que la thématique de l'insuffisance du langage finit par miner, par un processus de contamination inévitable, son propre véhicule linguistique, mais aussi parce que la neutralité et l'objectivité que cultive le narrateur donnent lieu à une espèce de verbosité très marquée qui n'a évidemment rien à voir avec celle du bavard ou du prétentieux dont la motivation est tout autre. Bref, le langage de la narration se fait voyant par sa discrétion même laquelle exige tant de circonlocutions, de précisions et de reformulations. Il va de soi qu'en attirant constamment l'attention sur lui-même, par la même occasion le langage de *La Peste*

attire nécessairement l'attention sur son propre support :
le texte.

Mais passons aux procédés d'autoreprésentation à proprement parler. Nous allons tout d'abord esquisser tout un
jeu de reflets à l'intérieur du texte par lequel celui-ci paraît
en quelque sorte se reprendre ou se répéter et ainsi se représenter. Dans le passage suivant, il s'agit de nouveau des
insuffisances du langage, cette fois-ci sous la forme des
télégrammes et des lettres :

> Même la légère satisfaction d'écrire nous fut refusée. [...]
> Les télégrammes restèrent alors notre seule ressource. Des êtres
> que liaient l'intelligence, le cœur et la chair, en furent réduits à
> chercher les signes de cette communion ancienne dans les majus-
> cules d'une dépêche de dix mots. Et comme, en fait, les formules
> qu'on peut utiliser dans un télégramme sont vite épuisées, de
> longues vies communes ou des passions douloureuses se résu-
> mèrent rapidement dans un échange périodique de formules
> toutes faites comme : « Vais bien. Pense à toi. Tendresse. »
> Certains d'entre nous, cependant, s'obstinaient à écrire et
> imaginaient sans trêve, pour correspondre avec l'extérieur, des
> combinaisons qui finissaient toujours par se révéler illusoires.
> Quand même quelques-uns des moyens que nous avions imaginés
> réussissaient, nous n'en savions rien, ne recevant pas de réponse.
> Pendant des semaines, nous fûmes réduits alors à recommencer
> sans cesse la même lettre, à recopier les mêmes appels, si bien
> qu'au bout d'un certain temps, les mots qui d'abord étaient
> sortis tout saignants de notre cœur se vidaient de leur sens. Nous
> les recopiions alors machinalement, essayant de donner au moyen
> de ces phrases mortes des signes de notre vie difficile. (I, 1272-3)

La première phrase du deuxième paragraphe figure une
véritable allégorie de l'écriture : le sort de l'écrivain n'est
autre que d'imaginer « *des combinaisons qui fini[ssent] toujours par s'avérer illusoires* » en ce sens que le langage ne
réfère, en fin de compte, qu'à lui-même. Mais ce qui nous
concerne surtout ici c'est l'image d'être réduit « *à recommencer sans cesse la même lettre* », car elle trouve son reflet
sous la forme du personnage de Joseph Grand qui ne fait
que récrire « *la même phrase* », laquelle, « *indéfiniment*

recopiée, remaniée, enrichie ou appauvrie » (1432), constitue l'ensemble du manuscrit que ce dernier montre à Rieux.

Grand est présenté, d'abord, comme quelqu'un qui « *ne trouvait pas ses mots* » (I, 1252), ce qui « *l'empêchait toujours d'écrire la lettre de réclamation qu'il méditait* » :

> À l'en croire, il se sentait particulièrement empêché d'employer le mot « droit » sur lequel il n'était pas ferme, ni celui de « promesses » qui aurait impliqué qu'il réclamait son dû et aurait par conséquent revêtu un caractère de hardiesse, peu compatible avec la modestie des fonctions qu'il occupait. D'un autre côté, il se refusait à utiliser les termes de « bienveillance », « solliciter », « gratitude », dont il estimait qu'ils ne se conciliaient pas avec sa dignité personnelle. C'est ainsi que, faute de trouver le mot juste, notre concitoyen continua d'exercer ses obscures fonctions jusqu'à un âge assez avancé. (I, 1252)

Il est à remarquer que la phrase qui clôt le paragraphe où figure ce passage : « *Il continuait de chercher ses mots.* » (I, 1252), ainsi que celle qui marque la fin du paragraphe précédent : « *Enfin, et surtout, Joseph Grand ne trouvait pas ses mots.* », phrases qui délimitent et encadrent donc cette partie du texte, désignent elles-mêmes un autre élément du texte lequel se situe non pas au niveau de la fiction (comme l'évocation du personnage de Grand) mais au niveau de la narration. Car ces deux phrases s'appliquent non seulement à Grand mais aussi à Rieux et plus précisément à Rieux-narrateur. Par conséquent, il est question ici d'une sorte de réverbération ou de jeu de reflets entre fiction et narration. Curieusement, la phrase avec laquelle débute le paragraphe suivant en fournit elle-même l'illustration : « Dans un certain sens, on peut bien dire *que sa vie était exemplaire.* » Le narrateur paraît, lui aussi, chercher ses mots : « *Ce qui est plus original dans notre ville est la difficulté qu'on peut y trouver à mourir. Difficulté, d'ailleurs, n'est pas le bon mot et il serait plus juste de parler d'inconfort.* » (1218). Bien que « *les précautions de langage* » (1220) auxquelles il n'a cesse de recourir puissent paraître viser « *le mot juste* » (1252),

n'empêche que celui-ci lui échappe la plupart du temps de
sorte que toute impression de précision linguistique cède à
l'impression d'une suite de formulations tout aussi approxi-
matives les unes que les autres :

> On dira SANS DOUTE que cela n'est pas particulier à notre ville
> et qu'EN SOMME tous nos contemporains sont ainsi. SANS DOUTE,
> rien n'est plus naturel [...].   (I, 1218)
> Ces quelques indications donnent PEUT-ÊTRE une idée suffi-
> sante de notre cité. AU DEMEURANT, ON NE DOIT RIEN EXAGÉRER. Ce
> qu'il fallait souligner, c'est l'aspect banal de la ville et de la vie.
> Mais on passe ses journées sans difficultés aussitôt qu'on a des
> habitudes. Du moment que notre ville favorise les habitudes, ON
> PEUT DIRE que tout est pour le mieux. SOUS CET ANGLE, SANS DOUTE,
> la vie n'est pas très passionnante. DU MOINS, on ne connaît pas
> chez nous le désordre. [...] MAIS IL EST JUSTE D'AJOUTER [...].
>   (I, 1219)

Si dans ce dernier exemple d'autoreprésentation intratextuelle, il s'était agi des paroles de Rieux-protagoniste dans
les événements de la peste, nous aurions eu affaire à ce que
Jean Ricardou a appelé « l'autoreprésentation horizontale »
puisque les deux passages en question se seraient situés au
même niveau du texte : celui de la fiction. Mais puisque le
passage concernant Grand, protagoniste dans la fiction, renvoyait au niveau narratif du texte (c'est-à-dire à Rieux en
tant que narrateur), il était question, en fait, de « l'autoreprésentation verticale », selon les termes ricardoliens. Celle-ci
prend souvent la forme de la mise en abyme, processus qui
se caractérise par deux concepts distincts l'un de l'autre. En
plus du concept de l'autoreprésentation, toute mise en abyme
implique un rapport particulier entre les deux éléments tex-
tuels ainsi reliés : c'est le rapport entre le microcosme et
le macrocosme, le plus petit élément étant contenu à l'intérieur du plus grand. Tel est évidemment le cas du rapport
entre un élément de la fiction (les traits de caractère de
Grand) et un élément de la narration (le langage de Rieux-
narrateur).

Le même processus est à l'œuvre dans un autre passage à propos de Joseph Grand mais qui ne renvoie pas, cette fois-ci, à d'autres éléments spécifiques du texte. Il semble plutôt désigner les origines mêmes de l'ensemble du texte :

[Rieux] comprit seulement que l'œuvre en question avait déjà beaucoup de pages, mais que la peine que son auteur prenait pour l'amener à la perfection lui était très douloureuse. « Des soirées, des semaines entières sur un mot... et quelquefois une simple conjonction. » [...] Les mots sortaient en trébuchant de sa bouche mal garnie.
— Comprenez bien, Docteur. À la rigueur, c'est assez facile de choisir entre *mais* et *et*. C'est déjà plus difficile d'opter entre *et* et *puis*. La difficulté grandit avec *puis* et *ensuite*. Mais, assurément, ce qu'il y a de plus difficile c'est de savoir s'il faut mettre *et* ou s'il ne faut pas.   (I, 1301)

Sans doute pourrait-on parler tout aussi pertinemment soit d'une allégorie de la création romanesque selon le langage de la critique traditionnelle soit d'une allégorie *intratextuelle* de la production du texte même, processus par lequel celui-ci laisse miroiter par endroits les traces de sa propre génération.

À vrai dire, voir dans ce dernier passage le processus de la mise en abyme à l'œuvre n'est pas sans poser quelques problèmes. De ce fait, on pourrait soupçonner que nous avons affaire ici à un cas limite se situant à la frontière où autoreprésentation devient mise en abyme et dont l'analyse plus approfondie permettra d'éclairer les conditions nécessaires pour qu'il y ait mise en abyme.

Contrairement à ce qu'on aurait pu croire selon ce que nous avons dit plus haut à propos de ce même passage (notamment que celui-ci se laissait distinguer des phrases à propos d'un Grand qui cherchait et ne trouvait pas ses mots par le fait qu'il ne renvoyait pas à un autre élément textuel en tant que tel), ce passage fait problème à cause de l'absence d'un facteur qui est tout autre et dont il n'a pas encore été question. Car, en un sens, il est pour le moins

paradoxal, à première vue, de parler d'autoreprésentation là
où il s'agit d'un rapport reliant deux éléments distincts,
situés à des endroits différents dans le texte, autrement dit
de deux passages du texte éloignés l'un de l'autre. Ce paradoxe peut se résoudre seulement en recourant à un nouveau
concept : celui de la simultanéité textuelle ou de la superposition des deux éléments, née d'un dédoublement vertical, si
l'on peut dire, ou en profondeur, plutôt qu'un dédoublement
horizontal, de sorte que les deux éléments se manifestent par
un seul et unique passage du texte et qu'ils correspondent
donc plus exactement à deux *niveaux* différents de ce dernier. Et ces deux niveaux ne sauraient que correspondre à
celui de la narration et celui de la fiction (bien qu'un seul
et même niveau puisse relever soit de la narration soit de
la fiction par rapport à tel ou tel autre niveau du texte,
comme nous le verrons plus bas).

Bref, l'autoreprésentation implique, de par sa racine,
l'existence de deux éléments et de par son préfixe une identité commune que partagent les deux. D'où le concept du
dédoublement qui est seul à satisfaire à ces deux conditions.
Tout système de renvoi ou de jeu de reflets qui fonctionne
intégralement à l'intérieur du même texte sans concerner
aucun élément extratextuel remplit les deux conditions du
fait que l'identité commune essentielle est fournie par le
texte lui-même. C'est le cas de tout dédoublement horizontal.
Pour qu'autoreprésentation devienne mise en abyme et que
dédoublement horizontal devienne dédoublement vertical, il
faut qu'il existe deux conditions supplémentaires : premièrement, un rapport du genre microcosme—macrocosme et deuxièmement, une distinction entre le niveau narratif et le
niveau fictif du texte. Cette dernière condition assure, d'ailleurs, notons-le bien, l'avant-dernière condition en ce sens
que tout élément du niveau fictif se trouve nécessairement
subordonné à tout élément du niveau narratif qui l'englobe
et le circonscrit, bref, qui le comprend, du fait que la fiction
est contenue à l'intérieur de la perspective narrative dans

la dépendance de laquelle il se trouve. Le rapport entre niveau narratif et niveau fictif est donc toujours le même que celui qui relie le macrocosme au microcosme, la fiction étant inséparable de la narration à laquelle elle doit son existence.

Pour en revenir au passage qui nous a poussé à formuler ces dernières précisions, en toute dernière analyse, les affres rédactionnelles de Joseph Grand ne paraissent pas remplir toutes les conditions qu'exige le processus de la mise en abyme dans la mesure où elles ne renvoient pas au *niveau narratif*, à proprement parler, du texte, mais tendent, au plus, à refléter les *processus de la production* de ce dernier. Nous y avons donc tout simplement affaire à l'autoreprésentation sous l'une de ses autres formes.

Cela devient plus clair dans le cas d'autres passages concernant Grand et par lesquels le texte se désigne de nouveau, cette fois-ci dans sa matérialité même :

> Dans la salle à manger, Grand l'invita [*Rieux*] à s'asseoir devant une table pleine de papiers couverts de ratures sur une écriture microscopique.
> [...]
> [Grand] [...] contemplait toutes ces feuilles et sa main parut invinciblement attirée par l'une d'elles qu'il éleva en transparence devant l'ampoule électrique sans abat-jour. La feuille tremblait dans sa main. Rieux remarqua que le front de l'employé était moite.   (I, 1301-2)

Le texte attire ainsi l'attention sur son support tangible que sont le papier et l'encre. Et parce que, par le caractère de sa matérialité, la page imprimée de *La Peste* ne diffère nullement de la page manuscrite, le texte désigne par la même occasion, par les mêmes passages, les conditions de sa propre production :

> [...] d'une voix étrangement creuse, [Grand] les pria de lui apporter le manuscrit qu'il avait mis dans un tiroir. Tarrou lui donna les feuilles qu'il serra contre lui, sans les regarder, pour les ten-

dre ensuite au docteur, l'invitant du geste à les lire. C'était un court manuscrit d'une cinquantaine de pages. Le docteur le feuilleta et comprit que toutes ces feuilles ne portaient que la même phrase indéfiniment recopiée, remaniée, enrichie ou appauvrie. Sans arrêt, le mois de mai, l'amazone et les allées du Bois se confrontaient et se disposaient de façons diverses. L'ouvrage comportait aussi des explications, parfois démesurément longues, et des variantes. Mais à la fin de la dernière page, une main appliquée avait seulement écrit, d'une encre fraîche : « Ma bien chère Jeanne, c'est aujourd'hui Noël... » Au-dessus, soigneusement calligraphiée, figurait la dernière version de la phrase. « Lisez », disait Grand. Et Rieux lut.

« Par une belle matinée de mai, une svelte amazone, montée sur une somptueuse jument alezane, parcourait, au milieu des fleurs, les allées du Bois... »   (I, 1432)

Mais cette dernière phrase nous incite à nous demander à nouveau s'il ne s'agit pas d'une mise en abyme du texte en son entier, si la fameuse phrase de Grand ne figure pas en plus petit le texte qui le contient. (Sans parler du fait que si l'on quitte la perspective synchronique pour une perspective diachronique, c'est la *genèse* du texte que figure cette phrase par les nombreuses transformations qu'elle ne finit pas de subir et dont plusieurs figurent dans le texte [2].) Mais nous aurons l'occasion de revenir plus bas au statut et au fonctionnement *des* textes à l'intérieur *du* texte. Ce qui nous paraît certain, c'est qu'il est possible de lire le commentaire que fait Grand sur sa propre phrase comme un commentaire sur l'ensemble du langage qui constitue le texte de *La Peste*, langage qui ne cesse de se désigner, d'attirer les regards du lecteur sur lui-même au lieu de les diriger sur la fiction qui en est l'apparente raison d'être :

— Ce n'est là qu'une approximation. Quand je serai arrivé à rendre parfaitement le tableau que j'ai dans l'imagination, quand ma phrase aura l'allure même de cette promenade au trot, une-deux-trois, une-deux-trois, alors le reste sera plus facile et surtout l'illusion sera telle, dès le début, qu'il sera possible de dire : « Chapeau bas ! »

Mais, pour cela, il avait encore du pain sur la planche. Il ne consentirait jamais à livrer cette phrase telle quelle à un imprimeur. Car, malgré le contentement qu'elle lui donnait parfois, il se rendait compte qu'ELLE NE COLLAIT PAS TOUT À FAIT ENCORE À LA RÉALITÉ [...].   (I, 1302-3)

Le langage de *La Peste* ne « colle » pas plus à la réalité fictive à laquelle il prétend référer et dont tous les procédés autoreprésentatifs servent à dénoncer l'illusion.

Mais revenons à la matérialité du texte sous la forme de la page imprimée. La phrase de Grand n'avait pas été élaborée uniquement sur des feuilles de papier mais aussi sur un tableau noir : « *On remarquait seulement un rayon de bois blanc garni de deux ou trois dictionnaires, et un tableau noir sur lequel on pouvait lire encore, à demi effacés, les mots "allées fleuries".* » (I, 1240). En fait, un peu plus loin il est de nouveau question de ce tableau noir : « *Il écrivait donc des mots latins sur son tableau. Il recopiait à la craie bleue la partie des mots qui changeait suivant les déclinaisons et les conjugaisons, et, à la craie rouge, celle qui ne changeait jamais.* » (1241). Et plus tard encore, dans l'ancienne salle de classe aménagée en hôpital, on remarque la présence d'un autre tableau noir : « *[...] il fit assez jour, enfin, pour qu'au fond de la salle, sur le tableau noir demeuré en place, on pût distinguer les traces d'anciennes formules d'équation [...].* » (1391). Un effet analogue est créé par la porte de l'appartement de Cottard : « *[...] sur la porte de gauche, Rieux lut, tracé à la craie rouge : "Entrez, je suis pendu."* » (1229). Les critiques n'ont pas relevé, à notre connaissance, la curieuse prédilection camusienne pour les tableaux noirs et leurs équivalents qui jouent pourtant un rôle plus « voyant » dans d'autres de ses textes. Ainsi, dans « L'Hôte », le tableau noir montre, au début de la nouvelle, « *les quatre fleuves de France, dessinés avec quatre craies de couleur différentes* » (1609), et à la fin, l'inscription, « *tracée à la craie d'une main malhabile* », « *"Tu as livré notre frère, tu paieras."* » (1621), comme si le texte du récit qui se développe entre ces deux évocations n'avait pour but que de faire naître sur le tableau noir cet autre texte, de la même manière que le texte de « Jonas » ne sert que de prétexte (dans les deux sens du mot) au texte constitué par les neuf lettres sur la toile blanche de l'artiste [3].

Comment ne pas y voir autant de façons dont le texte se reproduit sous la forme de la page imprimée ou de la feuille manuscrite [4] ? Le cadre — car il s'agit essentiellement d'un carré d'une matière quelconque sur lequel on a tracé des mots — peut même se manifester tout en restant vide comme simple indication du pouvoir dont jouit le texte de se représenter à l'intérieur de lui-même. Ainsi, nous lisons dans *La Chute* : « *Voyez, par exemple, au-dessus de sa tête, sur le mur de fond, ce* RECTANGLE VIDE *qui marque la place d'un tableau décroché.* » (I, 1476).

*

Quittons maintenant les divers processus d'autoreprésentation dont il a été question jusqu'ici pour nous consacrer exclusivement à l'un d'eux : la mise en abyme, sous sa forme la plus évidente et la moins discutable. Il s'agit de la mise en abyme qui s'effectue par l'agencement particulier des différents niveaux, narratifs et fictifs, du texte qui fait que celui-ci se présente sous les apparences d'une structure en gigogne telles les poupées russes. Ce faisant, nous aborderons la structure d'ensemble de *La Peste*, ainsi qu'indirectement, les particularités de la perspective narrative.

Le narrateur présente son récit comme une chronique, comme nous l'avons vu tout au début de cet essai :

Arrivé là, on admettra sans peine que rien ne pouvait faire espérer à nos concitoyens les incidents qui se produisirent au printemps de cette année-là et qui furent, nous le comprîmes ensuite, comme les premiers signes de la série des graves événements dont on s'est proposé de faire ici la chronique. Ces faits paraîtront bien naturels à certains et, à d'autres, invraisemblables au contraire. Mais, après tout, un chroniqueur ne peut tenir compte de ces contradictions. Sa tâche est seulement de dire : « Ceci est arrivé », lorsqu'il sait que ceci est, en effet, arrivé [...].

(I, 1219)

Le lecteur remarque tout de suite le ton de voix impersonnel et l'anonymat de celui qui lui parle, attributs qui cadrent parfaitement, soit dit en passant, avec l'objectivité et la neutralité voulues de la part d'un chroniqueur :

> Du reste, le narrateur, qu'on connaîtra toujours à temps, n'aurait guère de titre à faire valoir dans une entreprise de ce genre si le hasard ne l'avait mis à même de recueillir un certain nombre de dépositions et si la force des choses ne l'avait mêlé à tout ce qu'il prétend relater. C'est ce qui l'autorise à faire œuvre d'historien. Bien entendu, un historien, même s'il est un amateur, a toujours des documents. Le narrateur de cette histoire a donc les siens : son témoignage d'abord, celui des autres ensuite, puisque, par son rôle, il fut amené à recueillir les confidences de tous les personnages de cette chronique, et, en dernier lieu, les textes qui finirent par tomber entre ses mains.   (I, 1219-20)

C'est en des termes presque identiques que ce narrateur présentera, par la suite, un autre document qui figurera largement dans sa propre narration et dont, qui plus est, de longs passages viendront s'y insérer. Il s'agit des carnets de Tarrou :

> [...] le narrateur croit utile de donner sur la période qui vient d'être décrite l'opinion d'un autre témoin. Jean Tarrou, qu'on a déjà rencontré au début de ce récit, s'était fixé à Oran quelques semaines plus tôt [...].
> Ses carnets [...] constituent eux aussi une sorte de chronique de cette période difficile. Mais il s'agit d'une chronique très particulière qui semble obéir à un parti pris d'insignifiance. [...] Dans le désarroi général, il s'appliquait, en somme, à se faire l'historien de ce qui n'a pas d'histoire. On peut déplorer sans doute ce parti pris et y soupçonner la sécheresse du cœur. Mais il n'en reste pas moins que ces carnets peuvent fournir, pour une chronique de cette période, une foule de détails secondaires qui ont cependant leur importance et dont la bizarrerie même empêchera qu'on juge trop vite cet intéressant personnage.   (I, 1233-4)

On constate que les carnets de Tarrou constituent, tout autant que le récit du narrateur, une chronique, que celui-là aussi fait un travail d'historien bien qu'il ne s'agisse pas, dans son cas, de l'historien des « *graves événements* » (I, 1219) dont parle le narrateur mais, au contraire, de l'histoire « *de ce qui n'a pas d'histoire* » (1234), et que, finalement, ses carnets peuvent donner l'impression d'une certaine « *sécheresse du cœur* » qu'auraient pu également suggérer l'objectivité et le détachement du narrateur.

Les carnets de Tarrou figurent évidemment parmi les « *documents* » ou « *textes* » que détient le narrateur et qui permettent à ce dernier de « *faire œuvre d'historien* » (I, 1220). Et le lecteur ne peut pas perdre de vue leur statut de document en lisant cette narration à l'intérieur de la première narration, cette « *chronique* » (1234) à l'intérieur de l'autre « *chronique* » (1219) qu'est *La Peste*. Car il est souvent question de leur existence matérielle : « *À vrai dire, ces carnets deviennent assez bizarres à partir du moment où les statistiques commencent à baisser. Est-ce la fatigue, mais* L'ÉCRITURE EN DEVIENT DIFFICILEMENT LISIBLE *et l'on passe trop souvent d'un sujet à l'autre.* » (1443). Ainsi, les passages cités des carnets s'accompagnent souvent de la présentation même de ce document aussi bien que d'un commentaire sur son contenu :

Ce sont les seuls endroits où les notes du voyageur, à cette date, semblent prendre un caractère personnel. Il est difficile simplement d'en apprécier la signification et le sérieux. C'est ainsi qu'après avoir relaté que la découverte d'un rat mort avait poussé le caissier de l'hôtel à commettre une erreur dans sa note, Tarrou avait ajouté, D'UNE ÉCRITURE MOINS NETTE QUE D'HABITUDE : « Question : comment faire pour ne pas perdre son temps ? Réponse : l'éprouver dans toute sa longueur. Moyens : [...]. » Mais tout de suite après ces écarts de langage ou de pensée, les carnets entament une description détaillée des tramways [...] et terminent ces considérations par un « c'est remarquable » qui n'explique rien.   (I, 1235-6)

Ces feuilles d'écriture qui servent de support au deuxième niveau narratif du texte reproduisent, par un processus de mise en abyme, la matérialité de ce dernier :

Ici, du reste, l'écriture de Tarrou donnait des signes bizarres de fléchissement. Les lignes qui suivaient étaient difficilement lisibles et, comme pour donner une nouvelle preuve de ce fléchissement, les derniers mots étaient les premiers qui fussent personnels : « Ma mère était ainsi, j'aimais en elle le même effacement et c'est elle que j'ai toujours voulu rejoindre. Il y a huit ans, je ne peux pas dire qu'elle soit morte. Elle s'est seulement effacée un peu plus que d'habitude et, quand je me suis retourné, elle n'était plus là. » [5]　　　　　　　　　　　(I, 1444)

Il est à remarquer que l'existence matérielle des carnets de Tarrou se situe dans cet univers qui fait l'objet de la narration (du premier narrateur), figurant, comme nous l'avons dit plus haut, parmi les documents rassemblés par le narrateur : « *Rentré chez lui, Tarrou rapportait cette scène et aussitôt* (L'ÉCRITURE LE PROUVAIT ASSEZ) *notait sa fatigue.* » (I, 1447). Qu'est-ce à dire sinon que le niveau du texte constitué par les carnets a un caractère fictif par rapport au premier niveau narratif, et narratif par rapport aux événements de la vie quotidienne de Tarrou que leurs pages évoquent ?

L'amorce d'un nouveau processus de mise en abyme qui ne fait que relancer le premier dont il en constitue comme le prolongement, pour ainsi dire, peut être discerné au niveau des carnets de Tarrou, lequel était le point d'aboutissement du premier processus de mise en abyme. Car de même que les carnets, cette sorte de « *chronique* », figurent en plus petit la « *chronique* » de *La Peste* à l'intérieur de laquelle ils se situent et qu'ils prennent place parmi les différents « *documents* » réunis par le chroniqueur, de même d'autres documents, d'autres textes, prennent place à l'intérieur des carnets comme autant de microtextes par rapport au macrotexte qui les contient. Tels des extraits de journal : « *La chronique locale* [...] *est maintenant occupée tout en-*

tière par une campagne contre la municipalité : "Nos édiles se
sont-ils avisés du danger que pouvaient présenter les cada-
vres putréfiés de ces rongeurs ?" » (I, 1237). (Notons, au passage, que cette dernière « *chronique* » en est la troisième et
constitue ainsi une chronique à l'intérieur d'une chronique
à l'intérieur d'une chronique.) Il y a maint autre exemple :

[...] [des vendeurs de journaux] se répandront dans toute la ville,
tendant à bout de bras les feuilles où éclate le mot « Peste ».
« Y aura-t-il un automne de peste ? Le professeur B... répond :
Non. »
(I, 1314)

[...] il s'est créé un autre journal : *Le Courrier de l'épidémie*, qui
se donne pour tâche d'« informer nos concitoyens, dans un souci
de scrupuleuse objectivité, des progrès et des reculs de la maladie ; de leur fournir les témoignages les plus autorisés sur l'avenir
de l'épidémie ; de prêter l'appui de ses colonnes à tous ceux,
connus ou inconnus, qui sont disposés à lutter contre le fléau ;
de soutenir le moral de la population, de transmettre les direc-
tives des autorités et, en un mot, de grouper toutes les bonnes
volontés pour lutter efficacement contre le mal qui nous frappe. »

Tels ces microtextes que sont les écriteaux : « *Toutes les*
boutiques sont fermées. Mais sur quelques-unes, l'écriteau
"Fermé pour cause de peste" atteste qu'elles n'ouvriront pas
tout à l'heure avec les autres. » (I, 1314) ; « *Il n'y a pas long-*
temps, certains restaurants affichaient : "Ici, le couvert est
ébouillanté." » (1315).

Ces textes à l'intérieur du texte des carnets de Tarrou
constituent donc le point d'aboutissement d'un double processus de mise en abyme. Il est peut-être inutile de faire
remarquer que si nous remontons en arrière le second processus de mise en abyme pour nous situer de nouveau au
niveau du texte de l'ensemble des carnets de Tarrou, ce
dernier document est entouré d'autres textes qui font partie,
par conséquent, du point d'aboutissement du premier processus de mise en abyme au même titre que les carnets. Ces
autres textes comprennent, en plus du manuscrit de Grand,

le texte de dépêches (I, 1267), de journaux (1280 et 1411), d'affiches (1282 et 1411), de télégrammes (1285), de fiche de décès (1408) et de communiqués (1441).

Ayant tracé le double processus de mise en abyme (le second prenant la relève du premier) dont les éléments dédoublés qui se renvoient l'un à l'autre et qui se situent aux niveaux narratif et fictif du texte, sont constitués par des textes (c'est-à-dire par des passages qui sont délimités par des guillemets), il nous faut revenir maintenant à l'agencement entre les différents *niveaux* du texte pris dans leur ensemble, en tant que totalités formelles. Ce faisant, nous reviendrons à la structure d'ensemble de *La Peste* et au processus de mise en abyme qui en est responsable.

À première vue, il s'agit d'un processus formel qui est sensiblement le même que celui que nous venons d'esquisser : le niveau de la fiction qui se trouve dans la dépendance de la narration du premier narrateur revêt, à son tour, une fonction narrative sous la forme des carnets de Tarrou ou même, théoriquement, du manuscrit de Grand. Mais revenons en arrière de nouveau pour examiner le premier niveau narratif, celui du narrateur de l'ensemble de cette chronique : « *Cependant, avant d'entrer dans le détail de ces nouveaux événements, le narrateur croit utile de donner sur la période qui vient d'être décrite l'opinion d'un autre témoin.* » (I, 1233). Le caractère narratif, et uniquement narratif, de ce niveau du texte ne paraît pas faire de doute. Et pourtant, avec le début du dernier chapitre, nous rencontrons un phénomène des plus curieux : « *Cette chronique touche à sa fin. Il est temps que le docteur Rieux avoue qu'il en est l'auteur.* » (1466). C'est le surgissement inattendu d'un *prénarrateur* dont « *le narrateur* » serait la création et dont l'existence confère même au niveau du « narrateur » un statut *fictif*. Car celui qui a été désigné comme « *le narrateur* » n'est autre qu'un personnage fictif créé par le docteur Rieux pour les besoins de la cause (c'est-à-dire pour assumer la narration du récit). La présence d'un prénarrateur se manifestait, d'ailleurs, bien avant le der-

nier chapitre, premièrement par la désignation du « *narrateur* » à la troisième personne :

Car il faut bien parler des enterrements et LE NARRATEUR s'en
excuse. IL sent bien le reproche qu'on pourrait LUI faire à cet
égard, mais SA seule justification est qu'il y eut des enterrements
pendant toute cette époque et que, d'une certaine manière, on L'a
obligé [...] à SE préoccuper des enterrements. Ce n'est pas, en
tout cas, qu'IL ait du goût pour ces sortes de cérémonies [...].

                                                                    (I, 1357)

Et deuxièmement, par le recours dont témoigne le texte à un
« on » ambigu : « *À ce point du récit qui laisse Bernard Rieux
derrière sa fenêtre,* ON *permettra au narrateur de justifier
l'incertitude et la surprise du docteur, puisque, avec des nuances, sa réaction fut celle de nos concitoyens.* » (I, 1245). Le plus
curieux ici — et ce dernier passage le fait bien ressortir —,
c'est que ce prénarrateur, Rieux protagoniste dans la peste,
qui a créé le personnage du « *narrateur* » de toutes pièces se
situe paradoxalement au dernier niveau *fictif* du texte en tant
que l'un des personnages. Il en résulte que l'apparent premier
niveau narratif du texte finit par se révéler être dans la
dépendance du tout dernier niveau fictif de sorte que celui-ci
devient narratif et celui-là fictif.

  Qu'est-ce à dire sinon que le processus de mise en abyme,
esquissé plus haut, a été porté plus loin encore dans une troisième étape par laquelle il a rejoint son point de départ avec
une parfaite circularité qu'illustre bien cette phrase de
l'avant-dernière page du texte : « [...] *le docteur Rieux décida
alors de rédiger le récit qui s'achève ici, pour ne pas être de
ceux qui se taisent* [...]. » (I, 1471) ?

  Quelle meilleure image de l'autoreprésentation que cette
structure par laquelle chaque niveau du texte est mis « en
abyme », à tour de rôle, par celui qui le procède et dans
laquelle chaque niveau jouit d'une double fonction narrative
et fictive à la fois ? La circularité née de la manière dont le
processus de mise en abyme finit par se retourner ou se

replier sur lui-même pour se renouveler, théoriquement, jusqu'à l'infini fait penser à « *ce jeu de glaces étudié* » (I, 2007) annoncé par la « Prière d'insérer » de *La Chute*, les « *glaces* » correspondant ici aux différents niveaux du texte. Ainsi, dans *La Peste*, toute fiction se trouve sans cesse minée du fait que ce texte n'en finit pas de se désigner. Car, selon les termes de Sylvère Lotringer, « *l'autoreprésentation subvertit le jeu de la représentation en le prenant, si l'on peut dire, au mot : si l'on ne peut barrer entièrement l'effet référentiel, qui est inscrit dans le langage, on peut lui-même le représenter, en d'autres termes [...] le détourner et contourner afin de le renvoyer au texte même* » [6].

NOTES

ÉDITION UTILISÉE

I 1962

*

1. Il serait trop fastidieux de donner pour la liste de mots qui suit les 170 références de pages.

2. Cf. « *allées fleuries* » (I, 1240) ; « *Par une belle matinée du mois de mai, une élégante amazone parcourait, sur une superbe jument alezane, les allées fleuries du Bois de Boulogne.* » (1302) ; « *Par une belle matinée de mai, une svelte amazone, montée sur une superbe jument alezane, parcourait les allées fleuries du Bois de Boulogne.* » (1327) ; « *Par une belle matinée de mai, une svelte amazone montée sur une somptueuse jument alezane parcourait les allées pleines de fleurs du Bois de Boulogne.* » (1328) ; « *Par une belle matinée de mai, une svelte amazone, montée sur une somptueuse jument alezane, parcourait, au milieu des fleurs, les allées du Bois...* » (1432).

3. Voir notre article : « "Jonas" ou la production d'une étoile », *AC6*, 51—65.

4. Pour la manière dont le texte camusien produit de nombreuses représentations de caractères noirs sur le fond blanc de la page, voir la deuxième moitié de notre étude : "Camus' Desert Hieroglyphics" (pp. 117—31 in *Proceedings of the Comparative Literature Symposium*, "Albert Camus' Literary Milieu : Arid Lands", vol. VIII, January 22—24 1975), pp. 124—30. Voir aussi, à propos du « Renégat », l'étude de Linda Hutcheon : « "Le Renégat ou un esprit confus" comme nouveau récit », *AC6*, 67—87.

5. La deuxième moitié de cette dernière phrase vient curieusement en écho à la manière dont Salamano raconte la perte de son chien dans *L'Étranger* : « *Je l'ai amené* [son chien] *au Champ des Manœuvres, comme d'habitude. Il y avait du monde, autour des baraques foraines. Je me suis arrêté pour regarder* "*le Roi de l'Évasion*". *Et* QUAND J'AI VOULU REPARTIR, IL N'ÉTAIT PLUS LÀ. » (I, 1151).

6. In *Nouveau Roman : hier, aujourd'hui* (Paris, U.G.É., Coll. « 10/18 », 1972), t. 2 « Problèmes généraux », p. 336.

4

DE TARROU À CAMUS :

LE SYMBOLISME DE LA GUILLOTINE

par Jean GASSIN

AINSI que Bernard Pingaud le remarque avec pertinence, « *la véritable obsession de Camus* » (p. 22 [1]) était « *l'échafaud* » (p. 18 [1]). Cela est si vrai qu'après être revenu dans tant d'œuvres [2], le thème de la décapitation a fini par devenir le sujet d'une étude spéciale, les « Réflexions sur la guillotine ». Il serait à peine exagéré d'écrire que l'œuvre entière de Camus est, à sa façon, un « *traité de l'exécution* » (*Caligula* ; I, 46), plus spécifiquement, une « *Apothéose du couperet* » (*La Chute* ; I, 1520).

« *Écrire, c'est mettre en ordre ses obsessions* », affirme Jean Grenier [3]. Que Camus illustre la règle ne saurait beaucoup surprendre. Il est par contre étonnant qu'un auteur soucieux comme lui de la qualité de ses écrits semble oublier les exigences de son art dès qu'il s'agit du thème qui nous occupe. L'énoncé qu'il en donne prend rapidement la forme d'un discours quasi stéréotypé contre la peine de mort en général et contre le supplice de la guillotine en particulier [4]. Repris sans grand changement d'une œuvre à l'autre, ce discours en arrive même dans *La Peste* à nuire à la vraisemblance et à bousculer la composition [5]. Nous serions alors tenté de conclure, en parodiant Jean Grenier, que, lorsqu'il laisse son obsession s'exprimer, Camus met du désordre dans son œuvre, et écrit à peine.

Ce qui, chez tel autre écrivain, serait simplement négligence ou mépris du lecteur, exige dans le cas de Camus une explication plus profonde. Car seules des raisons particulièrement tyranniques ont pu amener Camus à pécher contre son art. Ces raisons, contraignantes au point d'avoir quelquefois trompé son sens esthétique, ne peuvent que renvoyer à de puissantes motivations inconscientes que nous essaierons de découvrir par la méthode psychanalytique.

La présente étude prenant place dans un volume consacré à *La Peste*, nous n'étudierons de façon détaillée que la seule version du « discours guillotine » que nous trouvons dans ce récit. Nous ne pourrons cependant éviter, si nous voulons comprendre les raisons de l'incessant retour du thème et le rôle qu'il joue dans la composition de l'œuvre camusienne en général, de commencer par faire quelques observations indispensables sur d'autres textes.

*

L'essai autobiographique « Entre oui et non », si important pour la compréhension de l'œuvre, se termine abruptement — et, semble-t-il, tout à fait hors de propos — par une mise en garde aussi lapidaire que véhémente : « *Qu'on ne nous dise pas du condamné à mort : "Il va payer sa dette à la société", mais : "On va lui couper le cou".* » (II, 30). Camus livrait ainsi au lecteur la conclusion de ses réflexions sur un sujet qui l'avait tellement préoccupé qu'il devait bientôt en faire le sujet de *L'Étranger*. Dans ce roman, la critique de la peine capitale se fait presque exactement dans les mêmes termes que dans l'essai cité ci-dessus. « *Les journaux parlaient souvent d'une dette qui était due à la société.* » (I, 1200), remarque Meursault. Dans les deux œuvres, l'accent est mis sur l'aspect chirurgical de l'exécution : « *On va lui couper le cou.* » (II, 30) ; « [...] *on était tué discrètement, avec un peu de honte et beaucoup de précision.* » (I, 1202-3).

Nous trouvons dans *L'Étranger* la première version du récit (souvent repris par la suite) de l'initiative qu'avait prise le père de Meursault (c'est-à-dire celui de Camus) d'aller assister certain matin à une exécution capitale. Et certes, ce père était retourné chez lui malade du spectacle. Sa décision d'assister au supplice avait néanmoins fait de lui le complice volontaire du bourreau. Le caractère sanglant de la figure paternelle devait être encore accentué par la blessure mortelle reçue à la bataille de la Marne. Le « crâne ouvert » du père achevait de faire de ce dernier un symbole de décapitation et de mort, un symbole de castration aussi.

Lorsque B. Pingaud explique la « *hantise de l'échafaud* » (pp. 23-4 [1]) chez Camus par l'anecdote du père guillotineur, cette explication, fondée sans doute, est incomplète, même si l'on y ajoute la peur d'une castration par le père (pp. 76-7 [1]). Elle ignore en effet les causes profondes de l'obsession. Ces causes, A. Costes a montré que nous devons les chercher dans les fantasmes se rapportant à la fameuse nuit où la mère de Camus avait été agressée et dans lesquels le fils héritait à la fois du sadisme et de la culpabilité de l'agresseur [6] (cf. II, 26-7). Au souvenir de cette nuit devait demeurer lié un très profond sentiment de culpabilité accompagné d'une intense peur de castration.

Lorsque Meursault tue l'Arabe, double du père [7], il le fait dans un geste inconscient de défense contre la menace paternelle. Mais, en faisant tuer l'Arabe par Meursault, Camus, symboliquement, tue en même temps son propre père, réalisant ainsi ce qui plus tard sera le vœu du Renégat : « [...] *tuer son père, voilà ce qu'il faudrait* [...]. » (I, 1578). Nous saisissons aussitôt que la prétendue innocence de Meursault n'est pas réelle. Son inconscient perçoit en effet l'agressivité du père comme le désir de celui-ci de punir son fils de sa « faute », c'est-à-dire de se venger des désirs incestueux du fils pour sa mère, désirs dont le fils se sent d'ailleurs coupable. Cette vengeance consiste à castrer le fils par le fer — fer du couteau, fer de la guillotine.

Les critiques ont depuis longtemps souligné ce que le personnage de Meursault devait à la personnalité de Camus.

Mais peut-être n'a-t-on pas assez remarqué à quel point *L'Étranger* peut se comprendre comme une sorte d'exorcisme par lequel l'auteur espère détourner de lui — ne serait-ce qu'en la rejetant hors de lui pour en faire un objet extérieur sous la forme d'une œuvre romanesque — la crainte obscure où il se trouve d'une possible punition, capitale [8] et imméritée. Ce mécanisme psychologique est d'ailleurs parfois très clairement décrit par l'auteur lui-même. Par exemple, lorsqu'il se met en scène sous les traits du jeune journaliste dont les « *deux yeux, très clairs* [...] *examinaient attentivement* » Meursault (I, 1184), cet autre lui-même, offert en victime propitiatoire à la vindicte de la société. Il est particulièrement intéressant que ce dédoublement intervienne à propos précisément de la punition qui va être infligée à Meursault. Comme le Christ s'était chargé des péchés des hommes en vue de leur rédemption, Meursault-Camus se charge de la culpabilité de Camus-journaliste, ce jeune journaliste qui venait d'écrire dans *L'Envers et l'endroit* des lignes où éclatait la haine du père [9].

Alors que la première partie de *L'Étranger* aboutit au meurtre en résultat d'une impulsion venue de l'inconscient contre la menace paternelle, la seconde est un essai de procès en forme du père. Ce procès du père commence lorsque Meursault souligne l'iniquité de la peine qui le frappe, et se termine par l'anéantissement symbolique du père lorsque Meursault jette le prêtre (le « père ») hors de sa cellule.

Ainsi pouvons-nous lire en filigrane, sous le texte d'un discours développant le thème de la guillotine, un autre discours où se dévoilent la haine mortelle contre le père symboliquement tué deux fois, et la résignation [10] du sujet à se laisser anéantir sous les coups de la vengeance sadique du clan paternel. Le héros se laisse ensevelir dans l'amour de la mère [11] après avoir tué le père.

A. Costes a montré que le but le plus profond de Camus dans son œuvre est de « *chercher le langage qui convienne pour déclarer son amour à sa mère* » (p. 120 [6]). Ce désir de

« *trouver le langage qui convienne* [...] *émane directement du pur désir incestueux* ». Il ne peut « *être représenté, du fait de la censure, par une image* » et reste normalement « *très profondément enfoui* ». « *Les émergences de ce désir demeurent* [*donc*] *très floues* », quand elles ne disparaissent pas complètement sous un travesti (p. 132 [6]). Ce qui nous paraît tout à fait remarquable, c'est que le travesti sous lequel se déguise le plus souvent le discours incestueux soit justement le « discours guillotine ».

Dans la version de ce discours que nous trouvons dans *L'Étranger*, nous croyons deviner un premier essai, soigneusement masqué, en direction du « langage incestueux ». La mère de Meursault étant morte avant que ne débute le récit, il n'y a pas encore de discours incestueux à proprement parler. Mais le retour final à la mère est indiscutablement une amorce de discours incestueux, sans objet véritable toutefois [12]. En présence de la mère vivante, un tel discours eût été totalement impossible car trop dangereux. Ainsi, la mort de la mère est une solution — provisoire et partielle — au problème de la recherche, par l'auteur, du langage qui convient pour déclarer son amour à sa mère [13].

En définitive, dans *L'Étranger*, à travers le « discours guillotine » l'inconscient de l'auteur dénonce violemment les menées castratrices du père tout en faisant une certaine place — aussi petite que la prudence l'exige — à ses propres désirs incestueux. Pour n'être pas vraiment exprimés, ces derniers n'en sont pas moins très forts ainsi qu'en témoigne la profondeur du sentiment de culpabilité du héros. Cette situation traduit une certaine immaturité œdipienne qui interdit au sujet — à moins de recevoir une aide extérieure — d'affronter seul l'inévitable vengeance paternelle et donc de réussir à « *déclarer son amour à sa mère* » (p. 120 [6]) sans crainte d'anéantissement.

Dans *Le Malentendu*, Jan tente avec opiniâtreté de s'ouvrir un chemin vers le cœur de sa mère. À de nombreuses reprises, il essaie d'amener sa sœur ou sa mère à soupçonner son identité réelle. Il finit par s'avancer presque au-delà de la limite autorisée par la prudence. Les répliques suivantes sont particulièrement intéressantes :

> JAN. — [...] peut-être tout serait-il changé si vous aviez été aidée comme doit l'être toute femme et si vous aviez reçu l'appui d'un bras d'homme.
> LA MÈRE. — Oh ! je l'ai reçu dans le temps, mais il y avait trop à faire. Mon mari et moi y suffisions à peine. Nous n'avions même pas le temps de penser l'un à l'autre et, avant même qu'il fût mort, je crois que je l'avais oublié.
> JAN. — Oui, je comprends cela. Mais... [...] un fils qui vous aurait prêté son bras, vous ne l'auriez peut-être pas oublié ?
>
> (I, 138)

Nous voyons trembler dans l'interrogation finale de Jan l'espoir fou de remplacer le père dans tous ses attributs, y compris les attributs sexuels. C'est là un bel exemple de « discours incestueux », une déclaration d'amour à la mère faite presque en langage clair. Cependant, le discours incestueux ne pourra pas prendre toute son ampleur dans *Le Malentendu* en raison de l'absence de tout père. Il faudra attendre une autre œuvre.

Si nous revenons maintenant à « Entre oui et non », d'où nous étions parti, nous remarquons que tout le matériel présent dans *L'Étranger* et dans *Le Malentendu* s'y trouvait déjà rassemblé. L'imago maternelle y dominait, principalement sous l'aspect de la Mère mauvaise [14]. Il n'y avait pas de discours incestueux, bien que la fameuse scène nocturne [15], qui a valeur de scène primitive, en constituât le moment principal et révélât un profond désir incestueux. Nul doute que les dernières lignes de l'essai qui condamnent la peine de mort ne dérivent du sentiment de culpabilité et de la crainte d'une vengeance paternelle hérités de cette scène. Le procès de la guillotine y symbolise la révolte du fils contre les entreprises castratrices du père. Il ressort de ce schéma que les quelques pages de « Entre oui et non » contiennent tous les éléments nécessaires à l'élaboration d'un discours incestueux complet.

Ce discours pourtant n'y apparaît pas, sinon, sous une forme très voilée et très sommaire, dans les quatre dernières lignes de l'essai. Pourquoi ce mutisme de la part de l'auteur ? Pour résoudre ce problème, il nous faut analyser maintenant le chapitre de *La Peste* où Camus, par la bouche de Tarrou, donne une nouvelle version du « discours guillotine » (I, 1416—27).

*

En dépit des apparences, il existe en effet un lien étroit entre *L'Envers et l'endroit* et *La Peste*, plus particulièrement entre leurs « sommets », l'essai « Entre oui et non » et l'épisode fameux du bain que prennent ensemble Tarrou et Rieux après une conversation à cœur ouvert sur une terrasse du vieux quartier d'Oran.

Avant d'aller plus avant, il est important de noter que les œuvres analysées ici sont séparées par quelque dix années et, plus encore, par le cataclysme de la guerre mondiale, ce qui rend les ressemblances plus probantes. Nous relevons immédiatement une similitude frappante dans le décor et, plus spécialement, dans l'atmosphère générale qui entourent les héros. Dans les deux cas, c'est la nuit. Dans l'essai, le café maure où rêve l'auteur est entouré de « *terrasses [d'où] monte une odeur de café grillé avec des bavardages animés de voix jeunes* » (II, 26). Dans *La Peste*, Rieux et Tarrou sont sur une terrasse du vieux quartier, et, « *d'un côté, aussi loin que la vue pouvait s'étendre, on n'apercevait que des terrasses* » où les femmes se rendaient mutuellement visite (I, 1417). Dans les deux cas règne une même atmosphère de solitude ; la vue que l'on découvre et les bruits que l'on perçoit sont fort semblables. À part l'Arabe immobile, « *personne dans la salle [du café], les bruits de la ville en contrebas, plus loin des lumières sur la baie* » (II, 24). Seuls sur leur terrasse, Rieux et Tarrou apercevaient « *par-dessus quelques rues et le port invisible* » (I, 1417) la lueur du « *phare de la passe* ». Le rythme des phares est identique, ternaire. Dans *La Peste* : « *Trois fois, la lueur reparut dans le ciel.* » ; dans l'essai se succèdent « *les lumières des phares, une verte, une rouge, une blanche* » (II, 28).

Dans l'essai, l'atmosphère d'irréalité, générale, culmine au rappel de la fameuse nuit où la mère avait été agressée. L'angoisse de la nuit est peuplée de bruits inquiétants : « *Des pas bruissaient et des portes grinçaient.* » (II, 26). Dans *La Peste*, Rieux et Tarrou ont leur attention attirée vers la terrasse : « *Ils entendaient marcher au-dessus d'eux.* » (I, 1417). Un peu plus tard : « *Une porte claqua dans la maison.* »

Cette atmosphère d'irréalité est peut-être plus marquée encore dans *La Peste* que dans « Entre oui et non ». Dans l'essai, la rêverie transporte tout naturellement, en raison de la grande affinité entre les lieux, la méditation de l'auteur des terrasses qui entourent le café jusqu'au balcon où la mère avait l'habitude de prendre le frais. Dans *La Peste*, c'est un événement extérieur qui éveille la curiosité des héros et les pousse à monter sur la terrasse : ils entendent « *marcher au-dessus d'eux* » (I, 1417). À ce moment, la femme du vieil asthmatique que Rieux soigne remarque « *l'air intéressé de Tarrou* ». Nous savons que Tarrou, comme Rieux — ou encore Meursault — sont volontiers « intéressés ». Mais ce n'est jamais à propos de simples bruits de pas sur une terrasse, phénomène qui ne demande ni explication ni attention, surtout de la part d'hommes habitués à la civilisation méditerranéenne ! Il y a là une disproportion qu'il faut noter entre le phénomène perçu et la réaction de Tarrou, homme de sang-froid s'il en fut. Nous y voyons un « signe ».

Ce qui nous confirme dans cette impression, c'est que Tarrou — pourtant homme d'expérience ! — a encore besoin que la vieille interprète pour lui ce bruit, expliquant que « *des voisines se tenaient sur la terrasse* » (I, 1417). Cette vieille si savante se change ensuite en tentatrice, par la description qu'elle donne à Rieux et à Tarrou des plaisirs de la terrasse : il y a là haut une belle vue, répète-t-elle, et des femmes ! Elle a donc ici le rôle d'une vieille fée, d'une fée savante et tentatrice à la fois, comme on en trouve dans tant de folklores.

Son vieux compère ayant confirmé ses dires, nos héros vont donc se hisser jusqu'au monde enchanté de la terrasse. Notons à ce propos que le changement de niveau traduit le passage de la réalité aux rêves, du conscient à l'inconscient.

Il est intéressant de noter que Rieux et Tarrou ont encore besoin des encouragements du vieux pour se décider ! « [...] *montez donc.* » (I, 1417), leur enjoint-il. Nul doute que cette montée ne symbolise une pulsion sexuelle des héros, une attente de la femme, ce qui nous permet de comprendre maintenant l'air « *intéressé* » de Tarrou [16].

Déception ! « *Ils trouvèrent la terrasse vide, et garnie de trois chaises.* » (I, 1417). Le but de leur quête inconsciente leur a donc échappé. L'étendue de leur frustration se mesure à la forte opposition que marquent les adjectifs « *vide* » et « *garnie* » reliés par un « *et* » adversatif. Tout, ici, est insolite. Le vide de la terrasse, d'où les femmes que promettait l'enchanteuse se sont évanouies — et il nous semble entendre ici en écho le rire qui obsédera plus tard Clamence — ; les trois chaises — oubliées par qui ? — qui invitent Rieux et Tarrou à prendre le frais. Rieux, « *tassé au creux de sa chaise* » (1418), retrouve alors une posture qui était celle de Camus enfant dont la « *chaise* [...] *s'enfonçait un peu sous lui* » (II, 24-5), celle aussi de la mère de l'auteur qui « *se tass[ait]* [...] *sur une chaise* » (25). Ces sièges ne seraient-ils pas ces mêmes chaises que la famille de Camus utilisait quand on prenait le frais, le soir, à Belcourt ? Ce seraient celles de la grand-mère, de la mère et de l'enfant. Ou bien, Rieux et Tarrou étant assis, la troisième chaise, demeurée vide, ne serait-elle pas là pour marquer symboliquement l'absence de la mère qui vient une fois de plus d'échapper à l'élan vers elle de la tendresse de son fils ?

Dans le « *silence* [...] *absolu* » (I, 1417), Tarrou « *vint s'asseoir auprès du docteur et le regarda attentivement* ». Dans « Entre oui et non » l'enfant et sa mère « *sont assis face à face, en silence.* [...] *leurs regards se rencontrent* » (II, 28 [17]). La similitude des attitudes des interlocuteurs est surprenante. Plus surprenante encore la profonde similarité des propos qu'ils échangent, tout au moins au début. Tarrou et l'enfant recherchent manifestement une occasion de parler d'eux-mêmes. « *Alors, maman.* [...] *Je ne parle pas beaucoup ?* » questionnait l'enfant. « [...] *vous n'avez jamais cherché à savoir qui j'étais ?* » demande Tarrou à Rieux (I, 1417). Celui-ci, à une autre question de son ami, « *lui sourit* », « *pour toute réponse* ». Rieux remplace ici, en face de Tarrou, le personnage de la mère qui, dans l'essai, terminait le dialogue avorté avec son fils par « *un beau sourire sans lèvres* » (II, 29). Dans les deux cas, c'est le personnage maternel qui trouve une excuse commode à l'absence de communication véritable entre les interlocuteurs. Rieux s'excuse derrière « *le temps* [*qui*] *nous a manqué* » (I, 1417). La mère s'excuse derrière l'habitude : « *Oh, tu n'as jamais beaucoup parlé.* » (II, 29).

Mais très vite, après avoir débuté d'une façon aussi semblable, les dialogues s'opposent tout à fait. Celui de l'essai tourne court, la mère laissant sans réponse les questions de son fils qui voudrait la forcer à lui parler, à s'intéresser à lui, à peut-être exprimer enfin pour lui cet amour « *qui ne s'est jamais révélé* » (II, 25) jusqu'ici : « *Alors, maman. — Alors, voilà.* » (28). Dans *La Peste* au contraire, Tarrou va prendre la parole, et la garder longtemps. Comment expliquer une telle différence ? D'où Tarrou tire-t-il tant d'assurance ?

La réponse à ces deux questions se trouve dans l'attitude de Rieux. Celui-ci contrairement à la mère répond aux avances de Tarrou : « *Oui,* [...] *j'ai de l'amitié pour vous.* », lui assure-t-il (I, 1417). Affermi dans son courage [18] par l'affection qu'on déclare ainsi lui porter, Tarrou peut alors se lancer dans le long récit de sa vie — une nouvelle version du « discours guillotine ».

Cette fois, nous sommes très loin de la protestation lapidaire de « Entre oui et non » contre la guillotine. Tarrou propose, sinon une véritable philosophie de l'existence, du moins un guide pratique de vie juste, prenant pour point de départ la condamnation du père guillotineur. Pourquoi avoir

attendu si longtemps, et n'avoir pas développé aussi largement le thème dès *L'Envers et l'endroit* ? Le caractère décousu
de l'essai « Entre oui et non », le rappel dans ce texte de
nombreux souvenirs paternels l'auraient permis. Or, le thème,
nous l'avons vu, arrive tout à fait hors de propos dans l'essai,
et sans aucun rapport apparent avec le père. Pourtant, ce
rapport avec le père est des plus étroits. Si le thème apparaît
ainsi *in extremis* et d'une façon aussi insolite, c'est qu'il s'était
finalement imposé à l'auteur, malgré tous les barrages, sous
l'action de puissantes forces inconscientes. À défaut d'en pouvoir interdire totalement l'apparition, l'auteur a du moins
réussi à le disjoindre des souvenirs paternels dont la proximité eût été trop suggestive des sentiments réels, bien
qu'inconscients, que le fils nourrissait à l'égard du père. Mais
nous avons aussi montré que le mutisme maternel avait
aggravé le sentiment de culpabilité du fils, jusqu'à l'empêcher
de se libérer devant elle de son secret. Autre raison de la
force de sa brève protestation finale.

Dans *La Peste* par contre, Tarrou peut se délivrer de son
secret, car il a reçu l'encouragement de l'affection de Rieux
qui tient ici très exactement le rôle de la Mère bonne. Tout
se passe comme si l'évocation du monde de la terrasse, si lié
pour Camus à celui du balcon et aux souvenirs de la chambre
maternelle, avait conduit son inconscient à reprendre, tandis
qu'il écrivait ce chapitre de *La Peste*, sa quête pathétique de
la Mère bonne. De là le caractère insolite de la montée sur
la terrasse et des détails qui l'entourent. Ensuite, la terrasse
vide marquant un rappel à la décevante réalité, la mère restant insaisissable, il se produit chez lui un choc émotif assez
fort pour faire retomber son Moi dans une structure schizoïde familière [6]. Il est à la fois Tarrou et Rieux, c'est-à-dire
lui-même et sa mère.

C'est alors seulement qu'il peut recevoir de cette mère
fictive le message d'amour tant attendu, qui lui permet d'oser
enfin développer dans toute son ampleur le discours incestueux sous la forme, une fois de plus, de ce que nous avons

appelé le « discours guillotine ». L'amour maternel, en le per-
suadant qu'il n'y a rien de mal à le faire, lui donne le courage d'affronter le père. Il le délivre du sentiment de culpabilité et de la crainte du châtiment qui autrement n'auraient
pas manqué de le paralyser. Le dédoublement Tarrou—Rieux
permet donc à Camus d'écrire ici le discours incestueux
qu'il n'a jamais pu encore adresser à sa mère, ni dans la vie
réelle, ni, jusqu'à ce chapitre de *La Peste*, dans son œuvre
littéraire. Nous tenons en même temps, croyons-nous, la raison profonde de la répétition obsédante dans l'œuvre du
thème de la guillotine.

*

Il nous faut maintenant analyser en détail le long monologue de Tarrou, qui constitue le corps du « discours guillotine » dans la version qu'en donne *La Peste*. Il débute par l'un
des fantasmes chers à l'imagination de Camus, un rêve de
« vie brillante » (cf. *CI*, 25). Tarrou s'accorde l'aisance, grâce
à la situation de son père, avocat général, et une égale réussite dans les domaines de l'intelligence et de la galanterie.
Quant à sa mère, s'il déclare l'aimer, il « *préfère ne pas en
parler* » (I, 1418).

Bientôt commence le procès du père dans son métier
d'avocat général, ou, comme pourrait dire Tarrou, dans son
métier d'assassin par personnes interposées. Nous retrouvons
dans la scène du tribunal le dédoublement de l'accusé que
nous avions remarqué dans *L'Étranger*. Comme Meursault
était un double du journaliste, l'accusé est un double du
jeune Tarrou. Mais tandis que dans *L'Étranger* Meursault
n'était affronté qu'à des représentants symboliques du père —
ies juges et l'avocat général —, c'est à son propre père que
le jeune Tarrou, par l'intermédiaire de l'accusé, se trouve
confronté. Ce père, drapé de rouge [19], recherche la mort de
l'accusé, substitut de son fils, avec un acharnement sadique.
Le récit de Tarrou dénonce ce monstrueux sadisme paternel
en soulignant la pathétique impuissance de l'accusé. Terro-
risé, ce dernier est livré sans défense à l'hydre venimeuse, le

père à la « *bouche grouill[ant] de phrases immenses, qui [...] en sortaient comme des serpents* » (I, 1420). Cette dernière image montre assez le contenu sexuel de l'attaque. Le but du père, c'est la castration du fils. Comme il dit : « *Cette tête doit tomber.* » Le passage est donc une transposition transparente des alarmes sexuelles du fils et de sa profonde peur de castration. Devant les menaces du père, « *quelque chose me serrait le ventre* » [20], dit Tarrou. De là cet « *instinct formidable comme une vague* » qui l'avait porté aux côtés de l'accusé et l'« *intimité [...] vertigineuse* » qu'il avait partagée avec lui pendant le procès [21].

Horrifié par la révélation qu'il vient d'avoir du visage véritable de la justice criminelle — et paternelle —, le jeune Tarrou n'ose ni exprimer son dégoût à son père ni se confier à sa mère. Sans que son initiative ait avec le problème de la peine de mort le moindre lien apparent, il se met cependant à observer attentivement sa mère. Sans que cela soit clairement dit, il est évident que ce sont les rapports sexuels de la mère avec le père qui forment le champ principal de son investigation [22]. De cette enquête un peu particulière, le fils conclut avec soulagement « *qu'il n'y avait plus rien entre eux* » (I, 1420) et que, par conséquent, il peut « *pardonner* » à sa mère qui mène « *une vie de renoncement* ».

Il nous faut accorder à ce passage singulier toute l'attention qu'il mérite. Il constitue d'abord une digression complètement gratuite par rapport au sujet de l'exposé de Tarrou. Il révèle aussi chez ce dernier une profonde contradiction. Après avoir affirmé qu'il préférait ne pas parler de sa mère, il en parle maintenant, et sur le sujet le plus embarrassant qui soit. Nous soupçonnons aussitôt à son enquête des buts « inavouables » tout autant qu'inavoués.

De fait, les investigations du fils sur les rapports sexuels de ses parents vont bien au-delà de la classique jalousie du fils contre le père. Elles se proposent de déterminer si, par l'acceptation de rapports sexuels avec le père castrateur, la mère ne participe pas à la castration du fils. Le verbe *par-*

donner, qu'emploie Tarrou, se réfère donc, non seulement à ses propres prétentions incestueuses inconscientes, mais surtout à la crainte où il était d'une collaboration active de la mère aux activités castratrices du père.

Tarrou éprouve ainsi à l'égard de sa mère les mêmes angoisses que Camus avait dû éprouver envers la sienne. Ces angoisses se nourrissaient encore des brutalités, physiques ou morales, de la grand-mère tyrannique et des silences de la mère. La menace castratrice venant de la Mère mauvaise, et s'exerçant au moyen du silence, se manifeste dans l'incapacité de parler qui saisit Tarrou : « *Je n'osai pas* [...] *parler à ma mère* [de mes découvertes] [...]. », confesse-t-il (I, 1420).

Le paragraphe se termine par une phrase particulièrement obscure : « *Plus tard, je sus qu'il n'y avait rien à lui pardonner, parce qu'elle avait été pauvre toute sa vie jusqu'à son mariage·et que la pauvreté lui avait appris la résignation.* » (I, 1420). Il semble très probable, vu le contexte, que la résignation dont parle Tarrou, et dont il nous dit qu'elle avait été acquise, avant le mariage, à travers l'expérience de la pauvreté, se soit transposée, après le mariage — un mariage qui a fait succéder l'aisance à la pauvreté —, dans la résignation sur le plan des relations sexuelles. Il faut ici mesurer toute la distance qui sépare le « *renoncement* » de la « *résignation* » [23]. Le renoncement suppose un refus, une abstention volontaire de certains des biens de ce monde — et nous savons très précisément desquels il s'agit ici. La résignation est faite de l'acceptation patiente de l'absence de ces mêmes biens. Dans le premier cas, par son renoncement, impliquant sacrifice, la mère conquiert, s'il en est besoin, le droit au pardon de son fils. Mais dans le second, il n'y a plus « *rien à lui pardonner* » puisqu'il n'y a *jamais* rien eu entre elle et le père. De là l'enthousiasme du fils devant sa prétendue découverte, que sa certitude soit fondée dans la réalité ou que, selon toute probabilité, traduisant un profond besoin inconscient, cette certitude se soit manifestée à lui comme une sorte d'illumination sans fondement objectif [24].

La croisade contre les exécutions que Tarrou entreprend ensuite avec fougue mérite elle aussi quelque attention. Elle exprime directement le besoin vital qu'avait Tarrou de se débarrasser de son intense peur de castration. Mais, engagé dans l'action politique, il en vient, avec les meilleures raisons du monde, à se retrouver dans le camp des bourreaux. Ainsi sa peur de castration l'avait-elle conduit à castrer les autres en retour, ce qui n'est pas inattendu. Cet échec est douloureusement ressenti par le héros. C'est qu'il est aussi pour lui un échec dans la voie de la maturation de son Moi. Tarrou a tenté de pénétrer dans le camp des pères et de se faire reconnaître par eux. Il n'y a pas réussi, n'ayant pu tenir le rôle jusqu'au bout. Dans la défaite, il rejoint alors tout naturellement le camp des vaincus et des victimes [25]. Sa résignation ressemble beaucoup à celle de Meursault. Peut-être faut-il trouver ici les racines inconscientes de la trop fameuse déclaration par laquelle Camus proclamait préférer sa mère à la justice.

Certainement, les expériences amères que Camus avait faites en politique ont largement contribué à nourrir les trois dernières pages (I, 1422—4) de la confession de Tarrou. L'auteur y cherche visiblement à fournir une justification « théorique » à sa propre évolution politique, qui est allée de l'activité militante au doute, et du doute à l'abstention désabusée. Le découragement final de Tarrou est aussi le sien. L'innocence n'existe pas dans le monde tel qu'il est. Tout au plus, puisque chacun est voué au meurtre, peut-on espérer devenir un « *meurtrier innocent* » (I, 1424). Il faut souligner ici la parenté qui existe entre le pessimisme de Tarrou et le cynisme de Clamence. Car la distance du *meurtrier innocent* au *juge pénitent* est-elle si grande ?

Ce meurtre que chacun porte en soi, et qui semble tout aussi « *naturel* » (I, 1424) que « *le microbe* » de la peste, cette « *infection* », originelle pourrait-on dire, de l'homme ; cette soif de « *pureté* » vouée à être toujours déçue, tissent une atmosphère psychologique qui ne nous est pas inconnue. Ils nous rappellent ce climat si particulier où se meuvent les appétits des héros masculins de Camus, et au sein duquel s'actualisent leurs pulsions [26]. Ainsi l'échec de l'action politique de Tarrou et son pessimisme final rappellent-ils dans une certaine mesure et sur un autre plan — mais ce plan est-il si éloigné du premier ? — le climat pessimiste dans lequel se déroule l'activité sexuelle des héros masculins de Camus et dans lequel s'inscrit leur échec final.

Le discours de Tarrou terminé, nous retournons au monde de la terrasse. Il se fait ainsi, par-dessus la déclamation du héros — qui finit par ne plus apparaître que comme une longue digression — une jonction naturelle entre le début et la fin du chapitre. Du même coup, la forte charge affective que ces deux passages contiennent fait ressortir, un peu trop cruellement peut-être pour cette partie du roman, ce que peut avoir d'artificiel sinon le discours de Tarrou en lui-même, du moins la place que l'auteur lui a assez maladroitement ménagée ici [27]. Le lien qui unit le début et la fin du chapitre (l'épisode du bain) apparaîtra de la façon la plus claire si l'on fait cette simple constatation : au lieu de se rattacher à un moment quelconque du long discours de Tarrou qui le précède et qui devrait l'annoncer sous quelque rapport, l'épisode du bain, par-dessus ce discours, se soude organiquement au monde fantasmatique du début du chapitre. Mais nous retournons du même coup au monde de « Entre oui et non ».

Le « *souffle chaud et malade* » (I, 1426) qui venait de la ville et « *poussait vers la mer* » les deux héros rappelle « *l'air lourd* » (II, 27) de la « *chambre surchauffée* » (26) de « *la malade* » (27) — la mère de Camus. Le fils avait gardé de cette nuit de veille, où « *le monde s'était dissous* », « *l'image désespérante et tendre d'une solitude à deux* » ; Rieux et Tarrou, après avoir nagé « *solitaires, loin du monde* [...], *avaient le même cœur et le souvenir de cette nuit leur était doux* » (I, 1427).

La nuit dramatique de « Entre oui et non » avait laissé

chez Camus le souvenir « *non d'un bonheur passé, mais d'un étrange sentiment* » (II, 23) ; Rieux, la nuit du bain, « *était plein d'un étrange bonheur* » (I, 1426). Enfin — simple coïncidence ? —, comme « *l'avis du docteur* » (II, 26) avait décidé l'enfant à passer la nuit auprès de sa mère, c'est l'acquiescement du docteur Rieux (« *Oui, dit Rieux, allons-y.* », I, 1426) qui autorise la baignade.

Ces rencontres verbales ne sont nullement fortuites. Elles traduisent de profondes similitudes dans le contenu latent des pages analysées. Elles nous permettront d'une part d'affirmer l'unité des deux parties de ce chapitre de *La Peste* que sépare arbitrairement le discours de Tarrou ; d'autre part d'établir un lien étroit entre elles et l'essai « Entre oui et non » de *L'Envers et l'endroit.*

Rappelons tout d'abord que Rieux et Tarrou, en se baignant cette nuit-là, vont commettre un acte qui, aussi banal soit-il, est interdit aux autres hommes. Il y a dans l'épisode, très fortement suggérée, une atmosphère de plaisir défendu et de plaisir partagé. Nous avons montré plus haut que, suivant un mécanisme familier, le Moi de l'auteur s'était dédoublé dans les personnages de Rieux et de Tarrou. Rieux-Camus, en déclarant son amitié à Tarrou, comme aurait dû le faire pour son fils la Mère bonne, avait donné à Tarrou-Camus le courage de se lancer dans le « discours guillotine ». En autorisant le bain, c'est Rieux-Camus qui, une fois encore, permet à Tarrou-Camus des actions que sa censure lui aurait autrement interdites.

Assis au bord de la mer, Rieux « *sentait sous ses doigts le visage grêlé des rochers* » (I, 1426). Ces rochers, « *le flot* » (176) est occupé « *à les ronger* », comme dit Martha, dans *Le Malentendu*, des corps de la Mère et de son fils. Ils nous rappellent irrésistiblement cette « *petite pièce de monnaie* » (II, 875) que Camus avait emportée de Tipasa, avec « *une face rongée* » qu'il sentait « *sous [ses] doigts* ». Sans doute possible, cette pièce renvoie à la propre mère de l'auteur. À Tipasa, entourant l'épisode de la pièce, nous retrouvons le cadre marin et nocturne de la baignade de *La Peste*, « *Alors commence le mystère, les dieux de la nuit, l'au-delà du plaisir.* » Cet au-delà du plaisir, c'est, très clairement indiqué dans *La Peste*, le fantasme de jouir directement du contact du corps maternel.

Cette interprétation est fondée. Pour nous assurer tout à fait de sa validité, il suffit de comparer le passage de *La Peste* que nous analysons, à celui de *La Mort heureuse* qui décrit le dernier bain de Mersault. De toute évidence, le texte de *La Peste* n'est qu'une reprise de celui de *La Mort heureuse*. Certaines modifications s'expliquent par des considérations d'ordre esthétique. D'autres, parce que la valeur de l'épisode et sa signification finale ne sont plus les mêmes.

Confrontons maintenant les textes :

La Peste	*La Mort heureuse*
p. 1426 :	p. 191 :
Un ciel laiteux projetait partout des ombres pâles. Elle [*la mer*] sifflait doucement au pied des grands blocs de la jetée et [...] elle leur apparut, épaisse comme du velours, souple et lisse comme une bête.	[...] la nuit était comme un lait sur le monde. La mer [...] sifflait doucement. On la voyait pleine de lune et de velours, souple et lisse comme une bête.
	p. 192 :
Ils s'installèrent sur les rochers [...]. Les eaux se gonflaient et redescendaient lentement. [...] Rieux, qui sentait sous ses doigts le visage grêlé des rochers, était plein d'un étrange bonheur.	Et assis sur un rocher dont il sentait le visage grêlé sous ses doigts, il regardait la mer se gonfler silencieusement [...]. Il pensait à ce visage de Lucienne qu'il avait caressé et à la tiédeur de ses lèvres.

[...] la mer, ce soir-là, était tiède, de la tiédeur des mers d'automne qui reprennent à la terre la chaleur emmagasinée pendant de longs mois.

L'eau devait être tiède comme une bouche et molle et prête à s'enfoncer sous un homme. [...] Elle était chaude comme un corps, fuyait le long de son bras, et se collait à ses jambes d'une étreinte insaisissable [...].

p. 1427 :

p. 193 :

Il nageait régulièrement. Le battement de ses pieds laissait derrière lui un bouillonnement d'écume, l'eau fuyait le long de ses bras pour se coller à ses jambes. [...] Puis il perçut [...] un bruit d'eau battue, étrangement clair dans le silence et la solitude de la nuit.

Lui, nageait régulièrement [...]. À chaque fois qu'il levait un bras, il lançait sur la mer immense des gouttes d'argent [...] figurant [...] les semailles splendides d'une moisson de bonheur. Puis le bras replongeait et, comme un soc vigoureux, labourait, fendant les eaux [...]. Derrière lui, au battement de ses pieds naissait un bouillonnement d'écume, en même temps qu'un bruit d'eau clapotante, étrangement clair dans la solitude et le silence de la nuit.

L'identification du rocher à la mère est maintenant évidente, par l'intermédiaire du souvenir du visage de Lucienne explicitement mentionné dans *La Mort heureuse*. Dans ce dernier roman, Lucienne est visiblement un substitut de la mère. Mersault est attiré vers Lucienne par son « *silence* » (*MH*, 144) et « *l'air fermé de son visage* ». Il pense qu'elle est « *inintelligente et s'en réjouit* ». Étonnante coïncidence, « *sa ressemblance avec les chats* », nous remet en mémoire l'épisode de la chatte noire de *L'Envers et l'endroit*, que rappelle encore la description de la mer « *souple et lisse comme une bête* » (I, 1426 ; *MH*, 191) commune aux deux textes que nous comparons. Lucienne, « *toujours préoccupée de ses robes de toile blanche bien repassées* » (*MH*, 161) ressemble, par cette obsession, à la mère de Camus (transposée dans *La Mort heureuse* dans le personnage de la sœur de Cardona) qui s'appliquait à faire à son ami « *des mouchoirs très blancs* » (85).

Nous pouvons donc tenir pour acquise l'identification du rocher au visage de la mère. C'est à cette dernière aussi que renvoient les descriptions de la mer. On aura remarqué que la tiédeur de la mer est soulignée dans les deux œuvres avec insistance. À dire vrai, le lecteur de *La Peste* éprouve une grande surprise à apprendre, même si la scène est à Oran[28], cette tiédeur de la mer « *à la fin de novembre* » (I, 1416). L'auteur lui-même trahit son inconséquence dans la peine qu'il se donne à fournir de cette tiédeur inattendue une laborieuse explication d'allure « scientifique », mais qui est à l'opposé de la vérité (les « *mers d'automne* [...] *reprennent à la terre la chaleur emmagasinée pendant de longs mois* », I, 1426-7). Croyons-nous même que, dès le printemps, sur la plage du Chenoua, la mer ait pu être « *chaude comme un corps* » (*MH*, 192) pendant le dernier bain de Mersault ? Non, sans doute. Il y a donc à cette commune tiédeur de la mer, dans *La Peste* comme dans *La Mort heureuse*, une raison identique, mais étrangère à toute considération climatique. Dans les deux cas, pour le héros, la mer était « *comme un corps* », et par conséquent *devait* être tiède. La tiédeur de l'eau et le bain du héros qui s'y plonge sont une transposition transparente des désirs incestueux de celui-ci[29].

Nous reviendrons maintenant au bain que prennent Rieux et Tarrou. Le dédoublement du Moi de l'auteur dans ces deux personnages rend délicate l'interprétation de l'épisode. Quelquefois — comme sur la terrasse du vieil asthmatique — Rieux y joue seulement le rôle de la Mère bonne. D'autres fois, sans absolument cesser de jouer ce rôle, il représente plutôt le versant « féminin » du Moi de l'auteur, Tarrou étant son versant « masculin ». Pendant le bain, la vedette passe, de la relation incestueuse fils—mère, Rieux—

rocher, Rieux—mer, à la relation homosexuelle Rieux—Tarrou, cette dernière étant poussée jusqu'à un accomplissement
symbolique. Le bain que Rieux et Tarrou prennent en com-
plices peut aussi bien s'interpréter comme une nuit d'amours,
et même, d'amours illicites. Rieux y tient manifestement le
rôle traditionnel du personnage féminin, plus réservé, attentif à la venue de son partenaire, qu'il attend « *immobile* »
« *sur le dos* » (I, 1427). Tarrou a la masse et la puissance
traditionnellement reconnues au mâle. Les bruits qui éma-
nent de lui témoignent de sa vigueur sexuelle. Ils sont perçus
dans une atmosphère nettement onirique, dont le texte souligne l'étrangeté. « *Puis il* [Rieux] *perçut* [...] *un bruit d'eau*
battue, étrangement clair dans le silence et la solitude de la
nuit. [...] *on entendit bientôt sa respiration.* » La nage frater-
nelle des deux amis « *dans le même rythme* » a toute l'allure
d'une copulation [30].

Avant d'abandonner l'analyse comparée des deux textes,
il nous faut souligner à quel point les deux passages s'opposent dans la manière dont ils se terminent. Dans *La Mort*
heureuse, la relation incestueuse avec la mère-mer s'achève
sur le triomphe de la Mère mauvaise castrant définitivement
le fils. Celui-ci, s'il a résisté à la tentation du suicide alors
qu'il nageait loin du rivage, succombe finalement à la maladie
que son bain a dramatiquement aggravée. Dans *La Peste* au
contraire, grâce à la déclaration d'amour de Rieux, les pulsions incestueuses — soigneusement travesties dans le roman
et s'adressant, rappelons-le, à un objet incestueux fictif —
sont amenées jusqu'à leur accomplissement naturel dans une
atmosphère d'amour partagé. Les aspects mauvais de la Mère
restent toutefois présents, par exemple lorsque les deux héros
sont surpris — comme l'avait été Mersault dans *La Mort*
heureuse — par « *un courant glacé* » (I, 1427). Aussi peut-on
dire que la satisfaction qu'ils retirent de leur bain se nourrit
largement du sentiment d'avoir échappé aux menées castratrices de la Mère mauvaise : « [...] *la maladie venait de les*
oublier » réalisent-ils en s'en retournant. Cette dernière nota-

tion révèle à quel point, inconsciemment, le fait que ses héros aient échappé à toute castration semble surprenant à l'auteur lui-même.

                                    *

Ainsi se termine cet étonnant chapitre, central, de *La Peste*. Commencé dans un élan vers la mère (l'ascension sur la terrasse) il se continuait dans une révolte articulée contre le père castrateur (le « discours guillotine ») et, dans une certaine mesure, contre la mère soupçonnée de complicité. Il se termine enfin par la résolution des tensions à travers de symboliques relations sexuelles. Force nous est de constater qu'un doute existe quant à l'objet de ces relations et donc quant à la nature de ces dernières, incestueuses ou homosexuelles. Sans doute faudrait-il écrire incestueuses *et* homosexuelles. Quoi qu'il en soit de ce problème, *La Peste* vient de nous fournir dans le monologue de Tarrou l'exemple le plus développé de « discours guillotine » que l'on puisse rencontrer dans l'œuvre de Camus. Nous trouvons dans ce chapitre tous les personnages du drame œdipien, réunis une fois de plus dans l'ombre de la guillotine. Les pulsions et les conflits classiques y sont clairement représentés et, pour une fois, poussés jusqu'à leur résolution.

Que le même chapitre de *La Peste* réunisse le réquisitoire le plus articulé contre la guillotine et le « discours incestueux » le plus achevé pose à nouveau le problème du rapport qui unit ces deux types de discours. D'après les analyses précédentes, notamment celles de « Entre oui et non » et de *L'Étranger*, il semble évident que la guillotine, représentant les forces castratrices paternelle *et* maternelle [31], symbolisant la fascination par la Mère mauvaise et la peur de castration, est en quelque sorte le lieu géométrique où symboliquement viennent se nouer les lignes de force de la psyché des héros aussi bien que celles de la psyché de l'auteur. Le « discours guillotine » est donc un élément fondamental du discours incestueux — peut-être même constitue-t-il le centre de ce discours. Loin d'être, comme le feraient penser les apparences, un corps étranger à l'œuvre, le « discours guillotine » en constituerait plutôt le cœur, le moment essentiel. Et il est certain que le chapitre de *La Peste* où il apparaît constitue bien le sommet de l'œuvre [32].

Nous nous souvenons que le but profond de l'œuvre tout entière de Camus est de trouver le langage incestueux qui convienne. L'apparition, quelquefois inattendue, du « discours guillotine », sa forme même, déroutante si l'on considère combien son sens manifeste est éloigné de son sens latent — le seul qui compte ici — s'expliquent dès lors aisément : elles découlent du *risque* que représente pour la psyché de l'auteur la formulation du discours incestueux, et de la nécessité où il se trouve de transposer ce discours de façon à en rendre méconnaissable le contenu réel. D'œuvre en œuvre, Camus reprend le thème de la guillotine et le développe jusqu'à ce qu'il finisse dans *La Peste* par recouvrir un discours incestueux complet. Camus nous semble ainsi étonnamment proche de Grand. Comme ce dernier récrit inlassablement le thème de l'amazone, il reprend obstinément celui de la guillotine. Comme Grand, à force de volonté, essaye de surmonter son incapacité à écrire — à écrire aussi « *pour se justifier* » (I, 1284) une lettre d'amour à Jeanne —, Camus, inlassablement, à travers le thème de la guillotine, cherche à écrire un texte où éclateraient et se justifieraient à la fois son amour pour sa mère et sa haine pour son père. Finalement le travail de ces deux « *Sisyphe de l'écritoire* » [33] est pour chacun d'eux, et selon la définition donnée par Grand, un témoignage sur « *l'essor* [inconscient] *d'une personnalité* » (1250). Au témoignage de *La Peste*, Camus semble avoir approché la réussite de beaucoup plus près que son double.

Si notre hypothèse sur le « discours guillotine » est exacte, ce type de discours devrait disparaître de l'œuvre après *La Peste*. Or, dix ans après, Camus publia ses « Réflexions sur la guillotine ». Cette publication ne nous semble cependant pas contredire notre thèse. Il ne s'agit plus d'une œuvre de fiction. Sans doute est-ce pour cette raison que, si l'anecdote du père assistant à l'exécution apparaît en bonne place, nous n'y trouvons pas de discours incestueux. L'œuvre est d'ailleurs largement une œuvre de circonstance, comme le montre assez le rôle déterminant qu'ont joué pour sa rédaction d'une part la parution des *Réflexions sur la pendaison* de Koestler et, d'autre part, les pratiques d'une certaine justice dans les pays dits de démocratie populaire ou l'intervention soviétique en Hongrie. Même en minimisant à l'extrême le rôle des circonstances, l'ouvrage ne serait, au pire, qu'une version plus développée du réquisitoire de Tarrou contre la guillotine, mais dépouillé de tout ce qui se rapporte au personnage de la mère.

Dans le domaine des œuvres de fiction, nous ne retrouvons plus ce genre de discours. Le thème de l'exécution n'en disparaît pourtant pas totalement. Ainsi, dans *La Chute*, Clamence est un collaborateur actif de la justice, et, dans l'exercice même de sa profession d'avocat, dans une certaine mesure un pourvoyeur de victimes. N'a-t-il pas d'ailleurs entrepris d'écrire une *"Apothéose du couperet"* (I, 1520) [34] ? Dans *L'Exil et le royaume*, nous trouvons le récit d'une exécution : en présence du fétiche à la « *double tête de hache* » (1584), le Renégat a la langue tranchée par une lame « *coupante et fraîche* » (1587). Il est évident que ce récit transpose une fois de plus la crainte où était le fils d'être castré par le père. On ne peut cependant ranger cette nouvelle dans la même catégorie que les récits que nous avons analysés précédemment car, cette fois, « *l'objet du renégat n'est pas l'objet incestueux* [...] *mais bien son père, l'objet homosexuel, persécuteur, adoré et haï* » (p. 198 [6]). Il n'y a donc pas de discours incestueux ni, non plus, de « discours guillotine ».

A. Costes range *La Chute* et « Le Renégat » dans ce qu'il appelle le « cycle de la culpabilité » où se clôt l'œuvre publiée. Cette dernière s'était ouverte par le « cycle de l'absurde » où se manifestait une certaine structure schizoïde de la psyché de l'auteur. Elle s'était poursuivie dans le « cycle de la révolte », caractérisé par le rassemblement du Moi et l'acquisition de la pleine maturité génitale. Cette dernière étape précède immédiatement le « cycle de la culpabilité ». Celui-ci débute après une période de stérilité de l'auteur, et se caractérise par le sentiment écrasant de culpabilité qui s'exprime dans les dernières œuvres. Nous avons signalé (*AC6*, 218—23) combien il nous paraissait difficile d'admettre le schéma de A. Costes dans son intégralité. Si la pleine maturité qu'il croit avoir reconnue a été vraiment atteinte, la période de stérilité et le redoublement de culpabilité qui suivent s'expliquent mal. Comme on ne saurait mettre en doute ni cette stérilité ni cette culpabilité redoublée, force nous sera de remettre en question la prétendue maturité qui les précède. Nous avons donné déjà les raisons que nous avons de douter de cette hypothétique maturité (*AC6*, 134—42). Il nous faut donc maintenant proposer un schéma qui puisse remplacer celui que nous critiquons.

L'analyse du « discours guillotine » nous a montré que, sous cette forme masquée, l'auteur avait réussi dans *La Peste* à écrire un discours incestueux élaboré, encore qu'adressé à un objet incestueux fictif. Par ailleurs, l'extraordinaire puissance de la peur de castration liée au désir incestueux et au sentiment de culpabilité qui en est dérivé s'est révélée tout au long de notre étude. N'est-il pas dès lors concevable que le fait d'avoir osé écrire un discours incestueux aussi développé que celui que nous avons trouvé dans *La Peste* ait pu entraîner d'une part une période de stérilité relative, le « message » capital — et inconscient — dont l'auteur avait à se libérer ayant enfin été délivré ; d'autre part, un redoublement de culpabilité, d'autant plus contraignant que la pleine génitalité affirmée par A. Costes n'avait pas été atteinte en réalité ? Nous comprendrions mieux aussi pourquoi, dans cette peur panique d'un châtiment, le « cycle de la culpabilité » soit sous « *la domination d'un Surmoi intransigeant* » (p. 221 [6]).

La complexité des facteurs mis en jeu ne nous permet pas d'être catégorique. Tout en gardant à l'esprit les réserves que, à partir des « Réflexions sur la guillotine », de *La Chute* et du « Renégat » nous avons faites sur notre propre hypothèse, nous croyons avoir atteint au moins une certitude : contrairement à certaines apparences, le thème de la guillotine revêt une importance capitale pour la compréhension de l'œuvre. Plus encore peut-être pour en comprendre le développement. Parce qu'il renferme l'essentiel de ce que Camus, inconsciemment, veut dire à sa mère, le « discours guillotine » peut être considéré comme le moment le plus important de l'œuvre où il paraît. Dès lors, la force contraignante qui pousse l'auteur à compléter ce discours peut être considérée comme l'une des racines les plus profondes de son besoin de créer. Après une œuvre, sentie de ce 'point de vue comme insatisfaisante, le discours incestueux étant encore incomplet, il a pu être poussé à en entreprendre une autre avec l'espoir secret de l'achever. Ainsi s'expliqueraient certains des liens souterrains les plus puissants qui relient si fortement les œuvres les unes aux autres. Le « discours guillotine » étant dans *La Peste* parvenu à son plus grand degré d'achèvement, une phase différente de l'œuvre pouvait commencer [35].

*

Au terme d'une étude au cours inévitablement tortueux, il est nécessaire de rassembler les conclusions principales auxquelles nous sommes parvenu.

Instrument « de précision », la guillotine n'aboutit pourtant qu'à des résultats essentiellement ambigus. Pour Tarrou elle est, aux mains des juges, l'arme de l'« assassinat ». Pour Meursault, elle serait plutôt un instrument de suicide. Le symbolisme de la guillotine fait ainsi écho aux réflexions sur le meurtre et sur le suicide que Camus avait développées dans *L'Homme révolté* et dans *Le Mythe de Sisyphe*. L'obsession de la guillotine, si justement soulignée par B. Pingaud, s'explique assez chez un auteur dans les œuvres duquel le sujet unique est la mort — mort que l'on donne, mort que l'on se donne.

Ce « goût de la mort », nous le savons, était chez Camus comme l'expression indirecte de la malfaisance de la Mère mauvaise. De l'activité castratrice de celle-ci, la guillotine est un excellent symbole [36]. Paradoxalement, c'est encore au symbolisme de la guillotine que Camus recourt lorsqu'il s'agit pour lui d'échapper à la castration du silence — et par là à la tentation du suicide : c'est à la Mère qu'il s'adresse alors, mais cette entreprise incestueuse est soigneusement dissimulée. Elle se cache le plus souvent sous de violentes diatribes contre la guillotine — que nous avons appelées « discours guillotine ».

Ce type de discours, par la complaisance que lui témoigne son auteur et les motivations inconscientes qu'il révèle chez ce dernier, apparaît *« comme une histoire préférée entre toutes, sans raison valable, étrangère à la fois et secrètement familière, livre favori qui flatte et confirme le plus profond du cœur, mais qu'un autre a écrit »* (*MH*, 191-2). Certes, dans les lignes que nous citons, il s'agit de réflexions que fait Mersault sur sa propre vie, et non d'un jugement de Camus sur le « discours guillotine ». Nos analyses précédentes semblent pourtant nous autoriser à les reprendre pour caractériser l'attitude de l'auteur vis-à-vis de ce discours. Le déni final (« *un* AUTRE *a écrit* » ce texte — et non pas *moi*) est particulièrement significatif. Il met en pleine lumière la part qui, dans les œuvres de Camus, revient à l'élaboration inconsciente [37]. Il laisse transparaître la surprise authentique de l'auteur devant certains thèmes qui, tel le « discours guillotine », lui paraissent s'être inexplicablement imposés à lui comme d'eux-mêmes, en forçant parfois les résistances de son sens esthétique. C'est dans ce contexte qu'il nous a paru possible de reconnaître au « discours guillotine » un rôle essentiel dans le développement de l'œuvre tout entière.

C'est autour de la guillotine que se noue chez Camus le drame œdipien, un drame d'une particulière complexité. Le fils certes est castré par le père. Mais il l'est aussi par la mère. Or, cette dernière avait encore castré le père lui-même [38]. Quant au fils, il lui arrive de provoquer la castration de manière si délibérée qu'on peut alors dire qu'il se castre lui-même. Pour achever ce tableau si complexe, il ne faut pas oublier que les parents castrateurs sont eux-mêmes tous deux castrés par le fer.

La guillotine nous semble être le point où se noue ce que nous pourrions appeler le « mythe personnel » de Camus. Ce mythe, inlassablement repris d'œuvre en œuvre, conte l'histoire d'un jeune héros qui, n'ayant oublié ni les délices du Royaume (*ante partum*) ni les affres de la chute dans ce monde entreprend de forcer la « porte étroite » [39] du retour. Dans les deux sens, ce passage s'effectue dans le sang, celui de la naissance ou celui de la castration, condition préalable à la réincorporation à la Mère. Ainsi pourrait encore s'expliquer le dégoût et la fascination que les héros camusiens éprouvent pour le sang.

Le « soleil invincible » qui règne sur l'œuvre, c'est aussi, étincelant, le couperet de la guillotine. Cette guillotine qui menace, mais aussi fascine, comme la mort, est peut-être le symbole le plus représentatif de l'œuvre tout entière.

NOTES

ÉDITIONS UTILISÉES

I 1965   II 1965

1. *"L'Étranger" de Camus*, Paris, Hachette, 1971.

2. Principalement dans *L'Envers et l'endroit* (« Entre oui et non » ; II, 26-7), dans *L'Étranger* (I, 1200—10) et dans *La Peste* (I, 1418—21).

3. *Albert Camus. Souvenirs* (Paris, Gallimard, 1968), p. 19.

4. Et que, pour des raisons de commodité, nous appellerons désormais le « discours guillotine ».

5. Comme nous le montrerons bientôt.

6. A. Costes, *Albert Camus ou la parole manquante*, Paris, Payot, 1973.

7. L'Arabe voulait venger sa sœur, violentée par Raymond. La sœur est un substitut classique de la mère.

8. « Capitale », car le conflit inconscient dû à l'œdipe non dépassé menace le Moi et la personne du sujet de mort.

9. En particulier dans sa protestation contre la peine de mort.

10. Cette résignation s'expliquant elle-même par l'insurmontable sentiment de culpabilité qui habite le héros. Meurtrier de l'Arabe — substitut du père — après avoir « *enterré [sa] mère avec un cœur de criminel* » (I, 1192), il succombe sous l'accusation du procureur, son Surmoi, particulièrement agressif. Inconsciemment, il se sent coupable d'avoir tué « *moralement sa mère* » (1195) et coupable aussi du « *meurtre d'un père* ». Il s'efforce alors, pitoyablement, d'être « *affectueux* » pour le procureur qui veut sa mort, et finit par se laisser condamner sans réagir.

11. Mais, en même temps, il se livre à la mère castratrice.

12. Pour Meursault du moins, car pour l'auteur il en va autrement.

13. Mais tout autant, elle satisfait les désirs de mort que le fils nourrissait à l'encontre de la mère !

14. Pour le détail, se reporter à A. Costes, *op. cit.*, et à notre compte rendu in *AC6*, 199—223.

15. L'agression de la mère par un homme.

16. Mais le manque de conviction des héros doit aussi nous retenir. Il rappelle la fragilité sexuelle que nous avons pu déceler chez de nombreux personnages masculins de Camus. Cf. *La Mort heureuse* : « *Il [Mersault] la désira sourdement, mais sans conviction.* » (p. 164).

17. Dans *L'Étranger* : « [...] *maman passait son temps à me suivre des yeux en silence.* » (I, 1126). Dans le parloir de la prison, un jeune prisonnier et sa vieille mère « *se regardaient avec intensité* » (1177).

18. « [...] *cela me rassure.* », dit-il (I, 1417). Cet aveu montre clairement à quel point le mutisme de la mère et son manque d'affection paralysaient — au-delà de Tarrou — Camus lui-même, bloquant toute tentative de discours incestueux. Le complexe de castration dont souffre le sujet a donc une double origine, maternelle aussi bien que paternelle. L'aveu de Tarrou révèle encore à quel point celui-ci redoute les conséquences du discours incestueux qu'il va maintenant entreprendre.

19. La couleur de sa robe est requise par sa fonction. Mais il faut encore expliquer la fonction du père comme l'occasion donnée à ce dernier par l'auteur d'envelopper d'un rouge symbolique ses activités castratrices. Le rouge est étroitement lié à la double obsession du sang et de la guillotine qui traverse toute l'œuvre.

20. Voir la définition de l'acte sexuel donnée — du point de vue de la femme — dans *La Mort heureuse* : « [...] *recevoir en son ventre le ventre d'un inconnu.* » (pp. 59-60). Voir aussi « Le Renégat » : « [...] *un brûlant désir sans sexe me serrait [...] le ventre.* » (I, 1585).

21. Et qui n'est pas sans rappeler l'intimité de Daru avec l'Arabe pendant la nuit qu'ils passent ensemble dans sa chambre, créant entre eux un « *lien étrange* » (I, 1618). Fermant le cycle, cette intimité nocturne rappelle aussi la nuit de *L'Envers et l'endroit* qui avait noué pour Camus « *les liens qui l'attachaient à sa mère* » (II, 27).

22. Comme le montre clairement la structure incorrecte de la phrase : « [...] *je* L'*observai mieux* [*ma mère*] [...] *et je compris qu'il n'y avait plus rien entre* EUX [...]. » (I, 1420). Manifestement, la censure de Tarrou a fait disparaître le père du champ *avoué* de ses observations !

23. Rappelons les conclusions successives de Tarrou sur les rapports de la mère avec le père :
1) Elle mène « *une vie de renoncement* » (I, 1420) ;
2) pauvre toute sa jeunesse, « *la pauvreté lui avait appris la résignation* ».

24. Ce que traduit le « *je sus* » (« *qu'il n'y avait rien à lui pardonner* ») de Tarrou.

25. Et, en dernière analyse, la mère.

26. Voir notre article « Le Sadisme chez Camus », *AC6*, 121—44.

27. C'est ce défaut de construction que nous annoncions en commençant.

28. Et, d'ailleurs, il est certain que, dans l'esprit au moins de l'auteur, la scène est à *Alger* ! En effet, il nous est dit que derrière Rieux et Tarrou « *s'étageait la ville* » (I, 1426). Il ne peut s'agir que d'Alger. Oran, bâtie sur un plateau escarpé, ne saurait s'étager ainsi : comme Camus le souligne justement, en conséquence de cette disposition, il est « *impossible d'apercevoir la mer* » depuis la ville (1219).

29. Ce qui sans doute est vrai de tout bain. Dans les exemples que nous analysons l'extraordinaire richesse et la profonde cohérence symbolique du récit ont une valeur particulière.

30. Rappelons le symbolisme sexuel de tout rythme.

31. Il faut rappeler ici la grand-mère aux « *yeux clairs et froids* » (II, 20) comme l'acier de la guillotine. Cf. le « barbare » castrateur qui « *fixait de ses yeux de métal* » (I, 1583) le Renégat. La valeur castratrice des yeux est bien attestée. (Cf. *L'Étranger* ; I, 1126.)

32. Même si son inclusion dans ce chapitre y provoque une certaine disparate.

33. M. LEBESQUE, *Camus par lui-même* (Paris, Seuil, 1963), p. 82.

34. Et n'imagine-t-il pas avec délices sa propre mort sur l'échafaud ?

35. « *Parce que le fantasme n'est pas antérieur à l'œuvre mais se constitue à partir d'elle, un artiste peut et doit réaliser* PLUSIEURS ŒUVRES : *chacune "exprime" de plus en plus clairement ses fantasmes. Freud donne ainsi un principe de datation des œuvres d'un artiste, en fonction du degré de refoulement. Il semble que le rapport entre les différentes œuvres soit le même que celui entre les différents rêves d'une même nuit ; [...]. Souvent le premier rêve est le plus transposé, le suivant plus hardi et plus distinct.* » (S. KOFMAN, *L'Enfance de l'art* [Paris, Payot, 1975, « Petite bibliothèque Payot »], p. 119).

36. Le fer de la guillotine symbolise donc une *double* menace castratrice, venant à la fois du père *et* de la mère.

37. Il faudrait encore nous demander si, contrairement à ses dénégations, Camus, lorsqu'il se laisse fasciner par la guillotine, ne céderait pas à « *une pente malsaine de nature* » (II, 1022).

38. Le père, rendu d'abord malade par la guillotine, a disparu ensuite à la guerre : la mère est alors devenue « *la veuve* » (II, 25). Dans l'argot des prisons, la « veuve » est la guillotine.

39. Dont la lunette de la guillotine nous semble un symbole tout à fait adéquat.

II

ÉTUDES

CLAMENCE, PROPHÈTE DE MEURSAULT

par Bruce F.R. Pratt

Jean-Baptiste Clamence est haïssable, méprisable, blâmable, condamnable, damnable, peut-être même pitoyable ; il est Sartre ou Camus, homme de mauvaise foi ou désespéré, « *un avatar bourgeois de Caligula* » (I, 2004) [1], « *prophète vide pour temps médiocres* » (1533)... à coup sûr il nous offre un exemple à ne pas suivre. Réaction première de la plupart des lecteurs, mais aussi jugement pondéré des critiques. Rares sont ceux qui, comme Roger Quilliot dans sa présentation de *La Chute* [2], se contentent de constater la complexité artistique du récit, s'abstenant de conclure. Pour dissiper le malaise qu'on sent à la lecture de ce livre, on tranche, sinon la tête de Jean-Baptiste, au moins son cas : on le juge [3]. Remarquons qu'en général on n'a pas senti la même contrainte à l'égard de Meursault : sans doute les bizarreries de son caractère s'expliquent-elles plus facilement que celles de Jean-Baptiste : par les insuffisances de l'art du jeune romancier, par la qualité d'*étranger* du héros, et ainsi de suite. Mais Clamence ne nous est pas étranger : il nous invite à la complicité. Et puisque, selon les existentialistes, on ne saurait se mettre en dehors du jeu, optons, bien sûr, pour la probité, choisissons les juges intègres et condamnons les juges-pénitents.

D'ailleurs, les remarques de Camus lui-même ne nous autorisent-elles pas à adopter cette attitude confortable ? Son propos aurait été de « *brosser un portrait, celui d'un petit prophète comme il y en a tant aujourd'hui. Ils n'annoncent rien du tout et ne trouvent pas mieux à faire que d'accuser les autres en s'accusant eux-mêmes* »[4]. Condamnation sans appel, semble-t-il, compte tenu même de l'intention de sa lettre et de l'ironie qu'elle réserve à ceux qui voulaient voir dans *La Chute* la promesse du ralliement prochain de l'auteur au catholicisme. Mais la « Prière d'insérer », qui reprend les mêmes explications dans des termes très voisins, était déjà plus nuancée : Camus évitait d'y conclure sur le sens qu'il convenait de donner à son livre et offrait à son lecteur cette alternative : « *Où commence la confession, où l'accusation ? Celui qui parle dans ce livre fait-il son procès, ou celui de son temps ? Est-il un cas particulier, ou l'homme du jour ?* » (I, 2006). Sur un seul point, aucune ambiguïté : *La Chute* traite de la douleur et de « *ce qu'elle promet* ».

Si la vérité que nous masque « *le jeu de glaces étudié* » (I, 2006) de Clamence est la douleur, c'est le rire ironique qui domine et contrôle son récit. Ironie du personnage et ironie de l'auteur : dans les deux cas elle marque la lucidité, la clairvoyance, la volonté de bien peser les mots, le goût de l'art et de l'équilibre. En même temps elle nous invite à la modestie, car l'ironie, et à plus forte raison le rire moqueur de *La Chute*, risquent de se retourner contre nous. Dans un sens l'ironie nous renvoie toujours à nous-mêmes ; l'auteur, qui refuse de se poser en moralisateur, nous tend un miroir, ainsi que le fait Clamence, miroir où nous nous retrouverons selon la clarté et la précision de notre vision. Armure de la pudeur, de l'auteur qui s'efface derrière son personnage, l'ironie est en même temps une arme à double tranchant. Elle n'est vraiment féconde que là où le lecteur devine la générosité, là où elle est essentiellement la lucidité de l'intelligence qui se surveille. Chez Gide, chez Camus, elle masque à peine le frémissement intérieur, la passion, la fidélité : nous abordons leur œuvre avec le sentiment qu'il suffira de bien lire pour comprendre.

Nous croyons volontiers que les œuvres ironiques sont le plus souvent des œuvres optimistes. Dans le cas de Camus il s'agit manifestement d'un optimisme modéré, austère, mais tenace et intransigeant. Comment n'aurait-il pas connu la tentation du désespoir, au cours des années quarante et cinquante ? Et malgré tout, malgré les déceptions en politique et en amitié, il est resté fort dans sa conviction qu'il y a dans l'homme plus de choses à admirer qu'à mépriser [5]. Nous chercherons à montrer que, pour l'essentiel, *La Chute* continue et confirme la prédication et l'optimisme de toute l'œuvre de Camus : la constance dans sa révolte contre notre condition.

Il serait vain de nier que *La Chute* diffère profondément de *L'Étranger* et de *La Peste* par le style, par le ton et par l'intention. On a beau jeu pour y dépister les traces de la polémique avec l'équipe des *Temps modernes*, et si l'on estime que dans cette affaire Jeanson et Sartre ont manqué de probité intellectuelle, on prendra plaisir aux ripostes vigoureuses de Camus. Il est tout aussi clair que ce livre traite du nihilisme et de la mauvaise foi. Mais de là à en conclure que Clamence lui-même nous offre le portrait achevé du philosophe nihiliste — existentialiste ou communiste — il y a un pas qu'on ne franchit pas sans conséquences. Et d'abord, *La Chute* serait la seule œuvre de Camus dont le mouvement essentiel fût négatif, la seule étude consacrée en premier lieu au développement d'attitudes qu'il a toujours jugées néfastes, le plus sombre et le plus grinçant de ses livres, sans aucune contrepartie d'amour, de confiance ou de générosité. En un mot, une œuvre mesquine, née de la polémique et dirigée contre des adversaires intellectuels. Cela pour l'œuvre qu'il a le plus souvent remise sur le métier, exception faite de *L'Homme révolté*, cela pour un auteur dont la probité était notoire. On comprend que des lecteurs superficiels aient pu conclure à la conversion prochaine de Camus : ne reniait-il pas implicitement son œuvre antérieure ?

Remarquons en passant qu'à un premier niveau il y a

quelque inconséquence à assimiler Clamence à ces concitoyens furieux d'idées et de fornication [6] à qui il ne ménage
pas son ironie.

« *Pourquoi suis-je un artiste et non un philosophe ?* »
(*C2*, 146), se demande Camus dans ses *Carnets* de 1945. « *C'est
que je pense selon les mots et non selon les idées.* » Il fait
confiance aux mots, dont il cherche à ne pas abuser [7], les
choisissant et les pesant avec un goût et un souci parfaitement classiques, qu'on lui a souvent reprochés [8]. Par sa vir-
tuosité stylistique, par la complexité des allusions littéraires,
par le fonds culturel que Clamence et son interlocuteur possèdent en commun, *La Chute* propose au lecteur une partie
qui engage son attention, son discernement et ces facultés
plus démodées, sa sensibilité et son goût. Celui qui apprécie
la vigueur du ton, la souplesse de l'ironie, la sûreté avec
laquelle Clamence conduit son récit, comment se contente-
rait-il des analyses qui ne trouvent derrière les masques de
Clamence que de la mauvaise foi ? L'ironie même de Clamence ne devrait-elle pas nous mettre en garde ? Petit prophète pour temps médiocres ? Faux prophète qui crie dans
le désert ? Cœur moderne qui ne supporte pas d'être jugé ?
Faux pénitent et faux juge ? À peu près, sans doute — « *Excellente réponse !* » « *Judicieuse aussi ; nous ne sommes qu'à
peu près en toutes choses.* » (I, 1478). Toute la question, c'est
de savoir quel sens attribuer à ces affirmations ironiques de
Jean-Baptiste Clamence. Essayons de lever les masques.

Les trois récits de Camus sont allégoriques dans leur
intention et dans leur structure. Fort étonné de l'incom-
préhension des critiques, Camus a souvent affirmé que son
œuvre était susceptible de nombreuses interprétations, qu'elle
avait un sens social *et* un sens métaphysique [9]. Nous ne dou-
tons pas, cependant, que de nombreux lecteurs partagent
l'opinion de P.-G. Castex, qui préfère *L'Étranger* « *plus proche de la vie réelle* », à *La Peste*, où « *l'allégorie dessèche parfois le récit* » [10]. Dans la mesure où cette opinion relève d'un
goût personnel nous y souscrirons volontiers, d'autant plus

que Camus lui-même a toujours cherché à conserver dans son œuvre le sentiment d'une prise directe sur le monde. N'empêche que cette préférence peut répondre, chez de nombreux lecteurs, à des attentes nourries par une longue familiarité avec la littérature issue du XIXᵉ siècle : on cherche à s'expliquer la psychologie de Meursault ou de Clamence. Mais les explications des caractères en fonction de l'enfance, du milieu, des pressions sociales qui s'exercent sur eux, ne sont pas de mise ici : l'étude psychologique du personnage n'intéresse que modérément notre auteur [11]. Ce qui le passionne, c'est la situation métaphysique de l'homme. Tous ses personnages figurent des aspects de cette situation, et s'expliquent avant tout par rapport à elle. Rien de plus exacte que l'extrait suivant des *Carnets* de 1950 :

Mon œuvre pendant ces deux premiers cycles : des êtres sans mensonges, donc non réels. Ils ne sont pas au monde. C'est pourquoi sans doute et jusqu'ici je ne suis pas un romancier au sens où on l'entend. Mais plutôt un artiste qui crée des mythes à la mesure de sa passion et de son angoisse. C'est pourquoi aussi les êtres qui m'ont transporté en ce monde sont toujours ceux qui avaient la force et l'exclusivité de ces mythes. (*C2*, 325)

Comme Sartre l'a tout de suite compris, l'œuvre de Camus n'a rien à voir avec l'existentialisme. Plus précisément, elle se dresse contre l'existentialisme, ainsi que contre toutes les manifestations du nihilisme, du totalitarisme et du dogmatisme. Nul doute que pour Camus les doctrines du fascisme, du communisme et de l'existentialisme ne fussent les vraies doctrines du désespoir et du mépris des hommes. Ce n'est pas en appliquant à l'analyse du caractère de Meursault la psychologie sartrienne, ni même sa méthode phénoménologique, qu'on comprendra l'attitude devant la vie que Camus cherche à mettre en valeur. Le chrétien risque de se trouver tout aussi dépourvu, s'imaginant mal qu'une philosophie qui nie l'immortalité de l'âme puisse déboucher sur l'optimisme. Question type que celle de la correspondante des *Nouvelles littéraires* : « *Une philosophie qui insiste sur l'absurdité du monde ne risque-t-elle pas de* [...] *faire sombrer dans le désespoir* [tous ceux qui ne vivent pas dans la grâce] *?* » (II, 1425). Justement, ici encore, selon Camus, le désespoir est du côté du christianisme. « *Doctrine de l'injustice* », écrit-il plus d'une fois, et encore : « [L'acceptation de la mort.] *Ce vocabulaire judéo-chrétien a quelque chose de vil.* » (1433) [12]. Désespérant de l'homme et du monde, le christianisme remet à la fin du monde la conquête du bonheur. Comme l'historisme marxiste, il a trop souvent consenti à l'abaissement et au sacrifice de l'homme ici-bas au nom de son salut ultérieur. Camus refuse toutes les doctrines qui font passer l'État ou l'Église, l'utopie ou la vie après la mort avant les hommes. « *Si le christianisme est pessimiste quant à l'homme, il est optimiste quant à la destinée humaine. Eh bien ! je dirai que pessimiste quant à la destinée humaine, je suis optimiste quant à l'homme.* » (II, 374 ; cf. *C2*, 168). Rien de plus dangereux, à ses yeux, que ceux qui se croient prophètes, que ce soit de religions anciennes ou nouvelles. Que faut-il donc penser de celui qui s'annonce « *faux prophète qui crie dans le désert et refuse d'en sortir* » (I, 1549) ?

Nous croyons que la pensée de Camus se définit dans une large mesure par opposition à la doctrine chrétienne, ou, pour mieux dire, par contraste avec elle [13]. Sur le plan artistique, cette mise au point se traduit par la reprise ironique de l'histoire du Christ, transposition allégorique en termes de sa propre métaphysique. Il serait sans doute vain de chercher des correspondances trop précises entre les récits de Camus et les Écritures. D'une part, il en use avec une certaine discrétion, d'autre part il était trop artiste pour recourir à un procédé de composition si évident. À propos de Kafka il a noté dans ses *Carnets* qu'« *on aurait tort de vouloir tout interpréter dans le détail chez* [*lui*]. *Un symbole est toujours dans le général et l'artiste en donne une traduction en gros. Il n'y a pas de mot à mot.* » (*C2*, 56). C'est là un sujet délicat, mais si l'on ne se contente pas de ce jeu d'érudition, somme toute agréable, qui consiste à repérer les allusions littéraires et les symboles [14], si l'on souhaite passer à l'interprétation de ces symboles, on ne saurait éviter de parler de l'histoire du Christ.

Car la vocation du Baptiste suppose celle du Christ. On a souvent remarqué que Jean-Baptiste Clamence reprend un à un les attributs et les détails de l'histoire du Saint dont il a choisi de porter le nom. On a moins souvent suggéré qu'il les propose à notre méditation. Quelle est l'intention de Camus ici ? À quelles constantes de sa pensée ces réflexions sur la vie du Saint répondent-elles ? Nous allons voir que le cri de Clamence, quelque ironique qu'il paraisse, est celui de la compassion et de la peine, le cri du Camus conscient qu'il lui avait été donné de vivre une époque tragique dans un monde à la fois dérisoire et magnifique. La vérité essentielle se révèle être, effectivement, la douleur.

Vox clamans in deserto : l'expression revient plus d'une fois sous la plume de Camus au cours des années quarante et cinquante (voir II, 327 et *C2*, 288), le plus souvent pour marquer l'isolement, qu'il ressent durement, et l'impossibilité de rallier les camps des pharisiens de droite et de gauche. Elle trahit sans doute son pessimisme croissant devant les événements dans la France de la Quatrième République et le monde de la guerre froide. Elle traduit aussi son intransigeance dans la lutte pour la justice et la liberté. Témoin la vigueur avec laquelle il riposte aux propos tenus par Mauriac à l'égard de Garry Davis :

À l'heure où tout le monde est contraint de parler, il me semble préférable de parler pour un espoir raisonnable. Ni Davis ni ceux qui l'ont accueilli ne prétendent apporter la vérité au monde. Ils savent bien que leur voie finalement est ailleurs, et leur vrai métier. Ils ont seulement poussé un cri d'alerte, selon leur état, et il est bien possible que ce cri soit poussé dans le désert. Mais avant d'en sourire, considérez au moins le sale air de honte et de calcul qu'on voit aux vérités et aux Églises qui ont cours forcé aujourd'hui et vous du moins, vous surtout, ne jetez pas la première pierre.   (II, 1594)

Sur le plan quotidien Camus s'est vu contraint, puisqu'il
fallait choisir, de choisir le désert, seul séjour honorable. De
plus en plus il s'agit, pour lui, de « vivre *et mourir* » dans le
désert [15]. Ceux qui sont sortis du désert (ou qui ont cru
pouvoir en sortir), comme ceux qui cherchent à sortir des
villes pestiférées, n'ont pas choisi la vie et les hommes.
Autrement dit, ce symbole de sa situation politique l'est
aussi de sa situation métaphysique. Nul doute que la terre
d'élection de Clamence est d'abord celle de Camus.

Or ceux qui ont la vocation des déserts — et la part
faite à l'ironie de Clamence il s'agit véritablement d'une
vocation (I, 1516. Cf. 1529, 1541) — vivent dans le « *malconfort* » (1529). Nous aurons tout à l'heure l'occasion d'examiner de près en quoi consiste le malconfort : pour l'instant
il suffit de constater qu'ici encore Camus prête à Clamence
des notions et un symbolisme qui se trouvaient de longue
date au cœur de sa méditation personnelle. L'homme révolté
ne connaît pas le repos spirituel ou moral : « *Il sait le bien
et fait malgré lui le mal. La valeur qui le tient debout ne
lui est jamais donnée une fois pour toutes, il doit la maintenir sans cesse. L'être qu'il obtient s'effondre si la révolte
à nouveau ne le soutient. [...] Sa seule vertu [...], plongé
dans les ténèbres [...], enchaîné au mal, [sera] de se traîner
obstinément vers le bien.* » (II, 689). Sentiment de déchirement qui pénètre la plupart de l'œuvre de Camus, surtout à
partir de la Libération, et qui s'exprime dans les grands
thèmes de la culpabilité et de l'innocence.

Bien sûr, on peut toujours renoncer aux déserts : cela
est même de tradition chez les prophètes authentiques, qui
en sortent pour révéler aux peuples la volonté des dieux.
Le Baptiste n'est-il pas sorti du désert pour annoncer l'avènement du Christ ? Autrement dit, et en simplifiant les
choses, il préparait le chemin au christianisme, dont il proclamait à l'avance la vérité — avant le Christ lui-même, il
fondait une Église. Tel est le rôle des vrais prophètes. Or,
Clamence ne les ménage pas : « *Les prophètes et les gué-*

risseurs se multiplient, ils se dépêchent pour arriver avec une bonne loi, ou une organisation impeccable, avant que la terre ne soit déserte. » (I, 1533). Ces enragés de la pensée (1477) sur qui il ironise sans relâche, se croient tous détenteurs de la vérité, de la bonne explication de la Totalité. Ils mettent toujours les idées au-dessus des hommes, et tôt ou tard arrive le jour où ils se croient contraints de préférer à leurs concitoyens le parti, les moyens d'action et eux-mêmes. « *C'est ainsi, cher,* » nous avertit Clamence, « *que naissent les empires et les églises, sous le soleil de la mort.* » (1539). À l'origine les églises (et notamment l'église chrétienne), les idéologies, les doctrines ne seraient que de vastes « *entreprise[s] de blanchissage* » (1530), des reposoirs qui nous donneraient l'illusion du confort moral, en nous remettant dans notre droit. « *Celui qui adhère à une loi ne craint pas le jugement qui le replace dans un ordre auquel il croit.* » (1533)[16], quelque abstraits que soient cette loi et cet ordre. Plus tard, de l'abstraction naissent les inquisitions et l'univers concentrationnaire.

Par exemple, vous avez dû le remarquer, notre vieille Europe philosophe enfin de la bonne façon. Nous ne disons plus, comme aux temps naïfs : « Je pense ainsi. Quelles sont vos objections ? » Nous sommes devenus lucides. Nous avons remplacé le dialogue par le communiqué. « Telle est la vérité, disons-nous. Vous pouvez toujours la discuter, ça ne nous intéresse pas. Mais dans quelques années, il y aura la police, qui vous montrera que j'ai raison. »

(I, 1496-7)

Ironie ? Peut-être, mais une ironie proche du mépris et du désespoir, propos désabusé d'un Socrate qui désespère de trouver dans les églises du jour un interlocuteur de bonne volonté. Malgré les nuances que l'ironie apporte aux différentes réflexions de Clamence sur les religions et sur « nos philosophes », la condamnation paraît formelle, d'autant plus qu'elle va dans le sens de *L'Homme révolté*.

Si Clamence s'est complu à s'affubler de tous les attributs de saint Jean-Baptiste, c'est pour mieux marquer, par
ironie, en quoi sa prédication diffère de celle du saint, en
quoi lui, Clamence, ne prétend pas réellement à la qualité
de prophète. Encore une fois, et compte tenu des ironies
d'une conversation cultivée, il s'explique sans ambiguïté sur
l'essentiel. Il n'y aura pas de Messie, les Cieux ne s'ouvriront
pas, le Paraclet ne descendra pas se poser sur la tête du Fils
de Dieu, il n'y aura pas de terre promise ni de jugement
dernier, le Christ n'est pas mort pour nous ouvrir les portes
d'un Ciel qui, d'ailleurs, n'existe pas : non plus que Dieu le
Père [17]. En un mot, il annonce que le Christianisme est un
leurre extrêmement dangereux qui sanctionne le malheur
des hommes (I, 1530—3) [18]. Mais il ne vise pas seulement
l'Église : il fustige encore plus impitoyablement ces mora-
listes athées qui pratiquent « *le satanisme vertueux* » (1542).

Ah ! les petits sournois, comédiens, hypocrites, si touchants
avec ça ! Croyez-moi, ils en sont tous, même quand ils incendient
le ciel. Qu'ils soient athées ou dévots, moscovites ou bostoniens,
tous chrétiens, de père en fils. [...]. [...] et comme ils ne veulent
surtout pas de la liberté, ni de ses sentences, ils prient qu'on leur
donne sur les doigts, ils inventent de terribles règles, ils courent
construire des bûchers pour remplacer les églises. Des Savona-
role, je vous dis. Mais ils ne croient qu'au péché, jamais à la
grâce.   (I, 1543)

Ainsi ce nouveau Baptiste nous met-il en garde contre toutes
les idéologies, contre tous les totalitarismes. Faux prophète,
il l'est dans la mesure où il refuse le rôle d'annonciateur du
millénium.

    Et dans cette mesure il est le frère spirituel de notre
auteur. Il n'y a rien ici qu'on ne retrouve tout au long de
l'œuvre de Camus, et jusqu'à la vigueur des propos : dans
les polémiques qui l'ont opposé à Mauriac, par exemple,
dans *L'Homme révolté*, ou, sous une forme plus sobre mais

tout aussi ferme et précise, dans son discours aux domi-
nicains du couvent de Latour Maubourg [19].

Il y a plus significatif encore : Clamence précise que sa
condamnation de la religion chrétienne n'atteint pas « *l'au-*
tre » (I, 1530) qu' « *on a crucifié* » et pour qui il avoue
éprouver « *de l'amitié* » (1543). Il voit dans le Christ un
homme accablé, acculé au désespoir, incapable de persévérer
dans sa lutte contre le mal et en faveur de l'amour. Rien
de plus explicite que les lignes suivantes : « *Mais, dans cer-*
tains cas, continuer, seulement continuer, voilà ce qui est
surhumain. Et lui n'était pas surhumain, vous pouvez m'en
croire. Il a crié son agonie et c'est pourquoi je l'aime, mon
ami, qui est mort sans savoir. » (1532). Il y a très peu d'ironie
dans ces phrases qui reflètent fidèlement la pensée personnelle de Camus [20]. Clamence n'ironise pas sur la générosité
de cœur, la compassion et l'amour du Christ (voir I, 1532).

Ainsi, sur le plan de la métaphysique Clamence rejoint
Meursault, Rieux et Tarrou. Pour lui l'histoire de la chute,
comme çelle de la résurrection, est tout simplement une
métaphore, qu'il s'agit d'interpréter, de la condition humaine.

Notre récit traite, avant tout, de la perte du sentiment
de l'innocence. Celui qui jouissait d'un bonheur sans aloi,
qui cueillait à volonté les fruits du monde, est bouleversé
par sa prise de conscience du malheur et de l'injustice :
désormais il sera partagé, déchiré même, entre les splen-
deurs du monde — « *Oh, soleil, plages, et les îles sous les*
alizés, jeunesse dont le souvenir désespère ! » (I, 1547) — et
la misère des hommes. Clamence joue à plaisir avec la chute
de l'Archange : on devine que toute cette histoire et sa littérature connexe ne le touchent pas profondément, qu'il y
puise surtout, par goût du pittoresque, le décor de son étude
d'avocat, et que son enfer et son Lucifer sont bien de ce
monde (I, 1481). C'est une métaphore commode qui, traitée
ironiquement, souligne son refus de la transcendance. Mais
notons bien que ce refus pré-existe, pour ainsi dire, à son
récit : à l'époque de sa vie limpide, céleste, édénique, il

n'avait déjà pas de religion, n'en éprouvant pas, sans doute, le besoin (I, 1488). La conviction que ce monde-ci est le seul auquel il a affaire est un des points de repère essentiels de son histoire, la seule conviction qui ne soit pas ébranlée par le grand rire de l'univers (I, 1486)[21]. Par contre l'autre métaphore, celle qui dérive de la chute originelle et de l'expulsion du paradis terrestre, exprime son drame personnel : un beau jour sa lucidité, ses citoyens aidant, l'a chassé des terres de son innocence. Lui qui s'était cru en dehors du jeu, un peu comme les anges neutres de Dante, se trouvait du même coup et une fois pour toutes dans les rangs des coupables et condamnés. Dès lors, il s'agissait pour lui de s'occuper d'eux[22].

En abordant le problème de la culpabilité, nous touchons à cette partie du texte où l'ironie la plus mordante recouvre le cœur le plus déchiré, et où le masque de Clamence-comédien protège le mieux Clamence-l'homme-qui-souffre. Il serait manifestement absurde de vouloir l'assimiler en tous points à Camus, mais on n'a peut-être pas assez souligné à quel point Camus se livre ici. Et pourtant les *Carnets*, et ce qu'on peut consulter de sa correspondance, nous révèlent un Camus tout aussi déchiré que son juge-pénitent : « *Qui pourra dire la détresse de l'homme qui a pris le parti de la créature contre le créateur et qui, perdant l'idée de sa propre innocence, et de celle des autres, juge la créature, et lui-même, aussi criminelle que le créateur.* » (C2, 281), écrit-il vers 1949, ou encore : « *Personne, autant que moi, n'a été aussi sûr de conquérir le monde par les voies droites. Et maintenant... Où donc a été la faille, qu'est-ce qui a faibli tout d'un coup et qui a déterminé le reste...* » (C2, 232)[23]. Il ne s'agit pas d'une expérience métaphysique autant que d'une prise de conscience douloureuse de la détresse et de la cruauté des hommes, de « *ce malaise devant l'inhumanité de l'homme même, cette incalculable chute devant l'image de ce que nous sommes* » (108). Le premier volume des *Actuelles* apporte un témoignage émouvant des efforts de Camus pour affronter et analyser ce sentiment de culpabilité, avant de l'assumer pour mieux le combattre. Car finalement l'époque était telle qu'aucun homme honorable ne pouvait refuser sa part de la culpabilité et de la lutte générales : « [...] *aucun d'entre nous, s'il a de l'exigence, ne peut rester indifférent à l'appel qui monte d'une humanité désespérée. Il faut donc se sentir coupable, à toute force. Nous voilà traînés au confessional laïque, le pire de tous.* » (II, 399). Phrases qui, par leur ton, leur ironie, leur combativité engagent déjà l'auteur sur la voie de Clamence ; quelques années plus tard et on ne saurait guère lequel des deux parle : « *Si l'époque n'était que tragique ! Mais elle est immonde. C'est pourquoi elle doit être mise en accusation — et pardonnée.* » (C2, 328).

« *Croyez-moi* », dit notre juge-pénitent, « *les religions se trompent dès l'instant qu'elles font de la morale et qu'elles fulminent des commandements. Dieu n'est pas nécessaire pour créer la culpabilité, ni punir. Nos semblables y suffisent, aidés par nous-mêmes. [...] Je vais vous dire un grand secret, mon cher. N'attendez pas le jugement dernier. Il a lieu tous les jours.* » (I, 1530). Autant dire, et c'est le sens de la mise en scène choisie par Clamence, que les hommes ont fait du monde un enfer. Par la force des choses nous sommes tous damnés dès à présent : le problème, c'est de savoir se conduire dans l'enfer [24]. « *Sens de mon œuvre* », écrit Camus en 1944 : « *Tant d'hommes sont privés de la grâce. Comment vivre sans la grâce ? Il faut bien s'y mettre et faire ce que le Christianisme n'a jamais fait : s'occuper des damnés.* » (C2, 129-30). Et vers la même époque cette précision essentielle : « *"Le Christ est peut-être mort pour quelqu'un mais ce n'est pas pour moi." — L'homme est coupable mais il l'est de n'avoir su tout tirer de lui-même — c'est une faute qui a grossi depuis le début.* » (111).

Camus a longtemps médité ce sentiment de culpabilité et sa contrepartie, la mise en accusation. Nous ne chercherons pas ici à deviner les origines de ce sentiment chez lui. Il suffit de constater que très tôt il le place au cœur de son œuvre. Roger Quilliot termine ainsi sa belle discussion de ce sujet :

> Accusés, coupables ? « De toutes façons, disait déjà Meursault, on est toujours un peu fautif. » Et Tarrou précisait : « chacun porte la peste en soi. Il faut se surveiller sans arrêt, pour ne pas être amené, dans une minute de distraction, à respirer dans la figure d'un autre et lui coller l'infection. » La peste n'était pas morte avec Caligula ; ce fut le mérite de Camus de ne pas se laisser prendre aux baisers Lamourette de la Libération, mais de dénoncer cette ultime victoire d'Hitler : le triomphe de la violence, de la haine et de la délation dans notre univers en délire. D'une certaine façon, *La Chute* illustre ce délire, sur le mode amer et cynique.   (I, 2000-1)

Nul doute que les circonstances politiques aient vivement renforcé ce sentiment de culpabilité chez Camus, et que cela puisse expliquer en partie le ton de *La Chute*. Mais il s'agissait aussi, et peut-être d'abord, d'un sentiment métaphysique et de toute une expérience de la vie dans les quartiers pauvres d'Alger. Du reste, n'exagérons rien : Camus ne s'est jamais résigné au rôle de coupable : il lutte sans cesse contre ce sentiment, et *La Chute* marque le temps où il le domine et retrouve une certaine sérénité.

Comment le domine-t-il, et quel rapport y a-t-il entre sa conduite et celle de Clamence ? Ici nous devrons nous avancer sur un terrain beaucoup plus obscur, dans les brumes d'Amsterdam et à l'intérieur du labyrinthe de ses canaux, jusqu'au cercle des grands traîtres : notre interprétation sera forcément douteuse, car elle dépendra non seulement du dosage d'ironie que nous croyons discerner dans les propos de Clamence, mais aussi de l'intention que nous attribuons à cette ironie. Pour mieux éclairer notre analyse, rappelons d'abord les grandes lignes de la pensée de Camus à ce sujet.

Les textes ne manquent pas, car la recherche d'une conduite est le problème principal abordé par Camus dans le deuxième cycle de son œuvre : *La Peste, L'Homme révolté,*

L'État de siège, Les Justes [25]. Ce fut également la préoccupation éthique constante du journaliste. Nous aurons donc à faire un choix rapide des aspects de cette pensée qui nous paraissent nécessaires à une juste appréciation de *La Chute*.

Camus se méfie de la vertu formelle (voir *C2*, 202). D'une manière plus générale, il s'est toujours méfié de toute vérité trop abstraite, de tout système dont le corps ne peut pas contrôler la vérité [26]. En 1948 il écrit : « *Folie de vertu qui secoue ce siècle. Tournant le dos au scepticisme qui est en partie humilité, l'humanité se raidit pour trouver une vérité. Elle se détendra lorsque la société aura retrouvé une erreur qui sera vivable.* » (*C2*, 250). Sa pensée est toute de mesure, contrôlée par le sens des limites. Ainsi nous sommes tous plus ou moins fautifs, tous plus ou moins innocents [27] : l'essentiel, dans la conduite, est d'éviter le jugement absolu et de chercher à maintenir le dialogue. Ce que Camus disait à Stockholm sur l'art est tout aussi vrai de la vie : « *L'art n'est ni le refus total ni le consentement total à ce qui est. Il est en même temps refus et consentement, et c'est pourquoi il ne peut être qu'un déchirement perpétuellement renouvelé.* » (II, 1090). Faut-il rappeler qu'un tel relativisme n'implique pas le désespoir, ni un manque de confiance en la raison ? Seulement, il refuse de faire passer la raison avant les hommes.

Selon les absurdistes « vivre, c'est toujours plus ou moins juger » [28]. Il arrive même qu'on porte le jugement définitif, qu'on tue. Dans ce cas le juste sera prêt à payer de sa vie. Sur ce point, déjà explicite dans *L'Étranger*, la pensée de Camus se confirmera avec les années. Surtout on doit s'efforcer d'alléger la douleur des hommes, de lutter en faveur de la compassion, du pardon, de la liberté [29]. Il faut, dans la mesure du possible, redonner aux hommes le bonheur et le goût de vivre. « *Il faut aimer la vie avant d'en aimer le sens, dit Dostoïevski. Oui, et quand l'amour de vivre disparaît, aucun sens ne nous en console.* » (*C2*, 276). Car nous n'avons qu'une seule vie.

« *Mon métier est double, voilà tout, comme la créature.* »
(I, 1478)[30], remarque Clamence dès le début de son récit.
Évidemment ce double métier pourrait donner plein jeu à la
duplicité (et quel lecteur veut se sentir dupe !), mais il n'y
a aucune raison *a priori* pour supposer qu'un juge-pénitent
doive être fourbe : ce métier peut tout aussi bien suggérer
une conciliation fort baudelairienne de tendances opposées,
parfaitement explicable par le relativisme de la pensée de
Camus. Il suffirait que Clamence exerce scrupuleusement son
métier, qu'il refuse de son mieux le mensonge et se tende
vers la générosité. Nous ment-il ? Il ressort de notre discussion jusqu'ici que toute réponse (et tout particulièrement
le oui ou le non) risque d'être erronée, ce dont Clamence
nous avertit (I, 1535). Il a fini par apprendre, sans doute plus
lentement que Camus, que chaque conduite peut offrir deux
aspects, un envers et un endroit[31]. Contentons-nous donc
d'une réponse raisonnable entre le oui et le non, et ne
relevons même pas le défi de sa suggestion, que les mensonges nous mettent finalement sur la voie de la vérité, ce
qui ouvrirait un long débat sur un très vieux dilemme
philosophique, à savoir : l'art est-il un luxe mensonger[32] ?
Nous dirons que Clamence invente vraisemblablement des
fictions, pour mieux plaider sa cause. Camus n'en fait-il pas
autant ?

Or Clamence a pris le parti des damnés, dont il plaide
la cause en même temps que la sienne, auprès de nous,
contre « *les juges de toute race, ceux du Christ et de l'Anté-
christ* » (I, 1533), contre tous les prophètes détenteurs de vérités absolues qu'ils cherchent à nous imposer. Il plaide pour
le bonheur, la générosité, l'amour, la compassion, le pardon et
la compréhension. À cet égard il est instructif de relever
les quelques occasions où il se reprend, en pleine plaidoirie,
nous le signale et s'en excuse. C'est l' « *habitude, monsieur,
la vocation, le désir aussi où je suis de bien vous faire comprendre cette ville, et le cœur des choses* » (1480-1). Qu'est-
ce qui engage sa plaidoirie ? La nostalgie du bonheur,

d'abord : « [...] *la mer, la mer qui mène à Cipango, et à ces îles où les hommes meurent fous et heureux.* » (1480) ou le cas du Christ :

Mais trop de gens grimpent maintenant sur la croix seulement pour qu'on les voie de plus loin, même s'il faut pour cela piétiner un peu celui qui s'y trouve depuis si longtemps. Trop de gens ont décidé de se passer de la générosité pour pratiquer la charité. Ô l'injustice, l'injustice qu'on lui a faite et qui me serre le cœur !
(I, 1532)

et, finalement, le sien, dans ce passage déjà cité en partie : « [...] *je suis heureux, vous dis-je, je vous interdis de ne pas croire que je suis heureux, je suis heureux à mourir ! Oh, soleil, plages, et les îles sous les alizés, jeunesse dont le souvenir désespère !* » (I, 1547).

Si nous avons tenu à relever ce dernier exemple, où il ne s'accuse et s'excuse de plaider qu'indirectement, c'est que celui-ci éclaire par le jeu de l'ironie le cœur de Clamence et le sens de sa plaidoirie-confession-réquisitoire. Dans ce monde où il n'y a pas, où il ne peut pas y avoir de juges intègres [33], où il n'y a ni culpabilité ni innocence sans aloi, mais où tant d'hommes croient, apparemment, être à la fois grâciés eux-mêmes et en droit de nous condamner une fois pour toutes, comment nous conduire si nous tenons à la vie et à l'innocence ?

Prendre à la lettre les ultimes confessions de Clamence, où dans le meilleur style, couvert de cendres, il s'accable et avoue sa honte (I, 1545), revient à admettre que pendant tout son récit il nous a dupés. Tant d'art, tant d'efforts — mais aussi par éclairs tant de détresse — pour en venir à un si petit égoïsme, à un triomphe mesquin, pour s'imaginer une supériorité si dérisoire et s'en vanter !

Quelle ivresse de se sentir Dieu le père et de distribuer des certificats définitifs de mauvaise vie et mœurs. Je trône parmi mes vilains anges, à la cime du ciel hollandais, je regarde monter vers moi, sortant des brumes et de l'eau, la multitude du jugement dernier. Ils s'élèvent lentement, je vois arriver déjà le premier

d'entre eux. Sur sa face égarée, à moitié cachée par une main,
je lis la tristesse de la condition commune, et le désespoir de ne
pouvoir y échapper. Et moi, je plains sans absoudre, je com-
prends sans pardonner et surtout, ah, je sens enfin que l'on
m'adore.   (I, 1547)

On cherchera alors l'explication de cet étrange égoïsme dans
la polémique qui a opposé Camus à Sartre : Clamence sera
ou bien Sartre, un de ces hommes au « *cœur moderne* » qui
« *se dépêch*[*ent*] [...] *de faire* [*leur*] *propre procès* [...] *pour
mieux juger les autres* » (I, 2007), le portrait d'un « *petit prophète comme il y en a tant aujourd'hui* » (2003), ou bien
Camus travesti, qui s'accuse pour mieux accabler ses adversaires des *Temps modernes*. Dans les deux cas bien des
aspects de sa plaidoirie resteront peu explicables, et, sur le
plan moral et philosophique, *La Chute* serait très inférieur
au reste de l'œuvre de Camus.

Supposons, au contraire, que ce portrait volontairement
satanique, grinçant, grimaçant, pour ne pas dire burlesque,
ne soit qu'une ultime défense — masque qui protège l'être
trop meurtri qui n'a nullement envie de se nombrer parmi
les étripés, d'une part (I, 1479), et d'autre part une provoca-
tion et une attaque ironique contre ceux qui se croient Dieu
le père. Y a-t-il, dans ces dernières pages, des indices qu'il
n'a pas réellement la vocation des cimes, qu'il ne se croit pas
réellement en possession de « *la seule solution, la vérité
enfin...* » (1533) ? Nous le croyons. Tout ce qu'il dit sur les
avantages de son métier est teint d'ironie, notamment dans
le long passage, sorte d'apothéose, cité plus haut (1547). De
plus, Clamence convient que sa méthode est loin d'être idéale,
qu'il n'y a aucun moyen de changer la vie, aucune possibilité
de déposer le fardeau de notre existence et d'échapper au
poids de notre infirmité (1548)[34]. Quel cri plus désespéré que
cette revendication du bonheur sur lequel il a terminé sa plaidoirie en faveur de lui-même (I, 1547) ? Et à qui appartient
cette première face égarée, sur laquelle il croit lire toute la
tristesse de la condition commune, sinon à lui-même ?

On sait que Camus a mis un certain temps à trouver la solution qui faisait de l'interlocuteur de Clamence la réplique de son juge-pénitent. C'est une solution qui permet une interprétation très simple, sur le plan de l'allégorie, de la technique adoptée par Camus dans son récit et du rôle de l'interlocuteur [35]. Pour celui qui ne croit pas en la transcendance, même comme « *apéritif* » (I, 1490), il n'y a pas de solutions définitives et confortables. Surtout, on ne peut pas s'en remettre à autrui pour vous juger ou vous absoudre. Notre Jean-Baptiste laïque sait fort bien qu'il n'y aura pas pour lui de policiers (« *ce serait trop simple* », 1549), que la vie le renverra inexorablement à lui-même, que l'homme doit tirer de lui-même ses solutions aux problèmes de la vie, quitte à les voir sans cesse remises en cause. « *Ne sommes-nous pas tous semblables, parlant sans trêve et à personne, confrontés toujours aux mêmes questions bien que nous connaissions d'avance les réponses ?* » Dans ce sens *La Chute* est un monologue. Tout au plus pourrions-nous espérer le dialogue avec nos semblables, et on peut imaginer que c'est dans l'espoir de voir s'entamer le dialogue que Clamence-Camus fait appel — seul « pourvoi » raisonnable — au lecteur [36].

L'homme est donc rejeté sur ses propres ressources dans le « *malconfort* » (I, 1529). Il devra y mourir seul, pour finir (c'est-à-dire sans l'espoir ou la consolation d'une vie à venir) [37], mais auparavant il devra s'y maintenir en complicité avec les hommes. Il vivra dans l'incertitude, écartelé entre le désir de l'innocence et l'impossibilité de ne pas faire le mal, entre un monde trop beau qui lui a été donné sans qu'il l'ait demandé et une mort qui le lui ravira. Dès lors nous sommes « *tous christs à notre vilaine manière, un à un crucifiés, et toujours sans savoir* » (I, 1533), comme le Christ est mort sans savoir pourquoi on l'avait abandonné.

À ce moment-là, et quelque bizarre que cela puisse paraître, Clamence rejoint Meursault, qui lui aussi va mourir seul, en payant son crime de la seule manière honorable, comme le Christ a dû expier la mort des Innocents (I, 1531) [38]. Jean-

Baptiste Clamence annonce l'avènement d'une ère où chaque homme devra porter le poids de sa propre vie, et Meursault, en aucun sens un messie, refusant toute transcendance, nous offre la seule mort exemplaire que son prophète admettrait.

Les dernières pages de *L'Étranger* posent avec netteté les rapports entre la vie et la mort, tels que Camus les conçoit. Pour celui qui sait que la vie finit à la mort, le monde et la vie sont tout son bonheur et lui paraissent sans prix. C'est avant tout dans ce sens que la mort de Meursault est exemplaire : elle nous invite à nous révolter contre la mort. De là, aussi, l'explication des dernières lignes du récit de Clamence, si vigoureuses et pénétrées d'optimisme. Il est impossible qu'on s'exécute (calembour qui rappelle *L'État de siège*), aucune idée ne justifiant la renonciation à la vie. « *Mais rassurons-nous ! Il est trop tard, maintenant, il sera toujours trop tard. Heureusement !* » (I, 1549).

NOTES

ÉDITIONS UTILISÉES

I 1963   II 1965

*

1. *AC3* recense l'état actuel des études de ce récit.

2. Dans son article « Clamence et son masque » (*AC3*), R. Quilliot semble rejoindre ceux qui voient dans *La Chute* une étude de la mauvaise foi.

3. Ainsi, pour ne citer que deux exemples récents, J. Lévi-Valensi le considère comme un « *imposteur conscient de l'être* » et conclut qu'« *il n'y a pas de pardon dans l'univers de Clamence* » (« *La Chute* ou la parole en procès », *AC3*, 44-5) et selon B.T. Fitch, Clamence prépare à notre intention un véritable « *piège diabolique* » ; « *chacune de ses paroles a été étudiée dans le but de duper l'autre* » (« L'Espace théâtral », *AC3*, 70).

4. Lettre au *Monde* du 31 août 1956 (I, 2002).

5. Voir, par exemple, le texte « Au service de l'homme » publié dans *Résistance ouvrière* le 14 décembre 1944 et repris dans II, 1546, ou « Servitudes de la haine » (II, 727). De loin en loin dans ses notes personnelles, on trouve des textes beaucoup plus pessimistes, notamment celui-ci : « *Que vaut l'homme ? Qu'est-ce que l'homme ? Toute ma vie il me restera, après ce que j'ai vu, une méfiance et une inquiétude fondamentale à son égard.* » (*C2*, 198).

6. « *Il m'a toujours semblé que nos concitoyens avaient deux fureurs : les idées et la fornication.* » (I, 1477).

7. « *La confiance dans les mots, c'est le classicisme — mais pour garder sa confiance il n'en use que prudemment. Le surréalisme qui s'en défie en abuse. Retournons au classicisme, par modestie.* » (*C2*, 101).

8. Voir la polémique sur *L'Homme révolté*, in II, notamment pp. 756-7, et la reprise ironique de cette critique par Clamence (I, 1476 ; et variantes [2008]).

9. Voir *C2*, 29-30, 50, ou sa lettre à Roland Barthes publiée dans *Club* en février 1955 et reprise I, 1965—7.

10. P.-G. CASTEX, *"L'Étranger"* d'Albert Camus (Paris, Corti, 1965), p. 25.

11. Cela est très clair dans le cas de son théâtre, et explique son demi-échec dans ce domaine après *Caligula*. Il était si conscient de la méprise qu'il s'est expliqué clairement en 1955 : « *Un mot encore. Bien que j'aie du théâtre le goût le plus passionné, j'ai le malheur de n'aimer qu'une seule sorte de pièces* », celle qui met « *en jeu le destin humain tout entier dans ce qu'il a de simple et grand. [...] La "psychologie", en tout cas, les anecdotes ingénieuses et les situations piquantes, si elles peuvent souvent m'amuser en tant que spectateur, me laissent indifférent en tant qu'auteur.* » (I, 1827). Cf. 1730.

12. Voir aussi *C2*, 112.

13. Nous ne chercherons pas à étudier ici l'évolution des sentiments de Camus à l'égard du christianisme. S'il a vu dans la conduite des représentants de l'Église à l'égard de la France et d'Hitler la confirmation de leur carence, il semble qu'il ait de moins en moins senti le besoin de critiquer une doctrine qu'il a pu juger dépassée par les événements. Le communisme était autrement redoutable.

14. La meilleur étude de ce genre reste sans doute celle d'Adele KING, *Camus*, Oliver and Boyd, 1964. On consultera avec profit l'étude exhaustive du R.P. GOLDSTAIN, « Camus et la Bible » (*AC4*, 97—140).

15. Cf. *C2*, 17 : « *"Vivre et mourir devant un miroir", dit Baudelaire. On ne remarque pas assez "et mourir". Vivre, ils en sont tous là. Mais se rendre maître de sa mort, voilà le difficile.* » Et *C2*, 175 : « *Comment apprendre à mourir dans le désert !* »

16. Cf. *C2*, 249 : « *La responsabilité envers l'histoire dispense de la responsabilité envers les êtres humains. C'est là son confort.* »

17. Pour le détail de ce symbolisme on se référera à l'étude de A. KING, *op. cit.* Citons ici Clamence : « *Après tout, c'est bien là ce que je suis, [...] prophète vide pour temps médiocres. Élie sans messie [...].* » (I, 1533). « *Ce sont les colombes, sûrement. Elles se décident enfin à descendre [...]. [...] Vous n'y croyez pas ? Moi non plus.* » (1548). « *Les colombes [...] voudraient descendre. Mais il n'y a [...] nulle tête où se poser.* » (1510-1). Sur le jugement dernier, voir p. 1530 ; sur le Christ mort pour les hommes, pp. 1532, 1540 : « *Cinquièmement, parce que ces juges vont au rendez-vous de l'Agneau, qu'il n'y a plus d'agneau, ni d'innocence [...].* » (1540). Sur le fait que Dieu n'existe pas : pp. 1530—3.

18. Cf. « Épuration des purs », *Actuelles II* (II, 745).

19. Cf. « Dialogue pour le dialogue », *Actuelles I* (II, 384) ; « La Révolte métaphysique », *L'Homme révolté* (471) ; « L'Incroyant et les chrétiens », *Actuelles I* (371—5), et « Interview à "Servir" », décembre 1945 (1429) : « *Je ne me suis jamais pris pour le Christ. Ma santé est bonne, je vous remercie.* »

20. Voir sa lettre au *Monde* du 31 août 1956 (I, 2002), *L'Homme révolté* (II, 445-6) et l'« Interview de Stockholm » du 9 décembre 1957, remarque reprise dans II, 1597, 1615 : « *Je n'ai que respect et vénération devant la personne du Christ et devant son histoire : je ne crois pas à sa résurrection.* »

21. Cf. I, 1514 : « *Du jour où je fus alerté, la lucidité me vint, je reçus toutes les blessures en même temps [...]. L'univers entier se mit alors à rire autour de moi.* »

22. C'est l'interprétation la plus simple du nouveau séjour et du nouveau métier qu'il s'était choisis.

23. Voir à ce sujet l'interview très intéressante accordée à la *Revue du Caire* en 1948, *Actuelles I* (II, 380).

24. Dans un sens *La Chute* offre une réplique ironique à *Huis clos*. Dans *C2*, 116, Camus note cette critique significative : « *Les Grecs n'auraient rien compris à l'existentialisme — alors que,* malgré le scandale, *ils ont pu entrer dans le Christianisme. C'est que l'existentialisme ne suppose pas de* conduite. »

25. Sur la répartition en cycles de l'ensemble de son œuvre, voir *C2*, 201, 328, et la présentation de *L'Homme révolté* par R. Quilliot (II, 1610). Il s'agit bien sûr de se conduire dans ce monde sans recourir à la transcendance. Nous avons préféré ne pas utiliser le terme *absurde*, trop lié à l'existentialisme et à notre avis peu nécessaire à une étude de la pensée de Camus. On ne saurait s'en servir sans se référer au *Mythe de Sisyphe*, où Camus en donne une définition très précise.

26. Cf. *C2*, 128 et « Ni victimes ni bourreaux », *Actuelles I* (II, 334).

27. On pourrait facilement multiplier les citations. Voir *L'Homme révolté* (II, 700) et *Actuelles I* (380).

28. Voir la lettre à Pierre Bonnel du 18 mars 1943 (II, 1423). Le texte exact est : « *L'absurde, apparemment, pousse à vivre sans jugements de valeur et vivre, c'est toujours, de façon plus ou moins élémentaire, juger.* »

29. Le dossier établi par R. Quilliot dans sa présentation des textes politiques de 1953 à 1957 et dans sa présentation d'*Actuelles III* (II, notamment, p. 1846), offre un témoignage émouvant des efforts de Camus dans ce sens.

30. Cf. I, 1480 : « *J'aime ce peuple [...]. Je l'aime, car il est double.* » et p. 1490 : « *L'homme est ainsi, cher monsieur, il a deux faces : il ne peut pas aimer sans s'aimer.* »

31. Cf. I, 1497. Clamence nous avertit qu'il a choisi comme enseigne « *une face double, un charmant Janus* ». Voir I, 1516-7. Dans un bel essai consacré aux écrits de jeunesse de Camus (in *CAC2*), Paul Viallaneix étudie ce double thème, en l'expliquant surtout par la nostalgie. Au sujet de la nostalgie et du relativisme on lira également la lettre à Pierre Bonnel mentionnée ci-dessus (II, 1422—4).

32. Cf. « Conférence du 14 décembre 1957 » (II, 1081).

33. C'est-à-dire d'une intégrité absolue. À notre avis c'est là le sens qu'il convient d'attribuer aux ironies de Clamence sur les faux juges qui sont proposés au monde (I, 1540). La sagesse conseille, effectivement, d'écrouer ceux qui croient dispenser la justice absolue, et de se contenter de juges conscients de leur faillibilité. Le juge d'instruction à qui Meursault a affaire est doublement hypocrite : il n'enferme pas son crucifix mais le met dans son classeur, pour mieux le sortir aux moments capitaux. Dans son « Appel pour une trêve civile » en Algérie (II, 995), Camus constate avec douleur que même « *les juges les plus intègres et les plus humains* » ne sauraient se retrouver dans le « *nœud inextricable d'accusations anciennes et nouvelles* ».

34. Cf. I, 1542 : « *Ah ! mon cher, pour qui est seul, sans dieu et sans maître, le poids des jours est terrible.* » Et p. 1544 : « *Mais je ne suis pas fou, je me rends bien compte que l'esclavage n'est pas pour demain. Ce sera un des*

bienfaits de l'avenir, voilà tout. D'ici là, je dois m'arranger du présent et chercher une solution, au moins provisoire. »

35. On trouvera d'autres interprétations, parfois fort ingénieuses, dans *AC3*.

36. Dans *L'Étranger*, le pourvoi est lié au problème de la grâce ; dans l'ensemble Meursault juge qu'il vaut mieux ne pas y placer son espoir. Mais le dialogue est affaire d'hommes. Sur le dialogue retenons ce passage du bel hommage à Jean Grenier : « *Parmi les demi-vérités dont s'enchante notre société intellectuelle figure celle-ci, excitante, que chaque conscience veut la mort de l'autre. Aussitôt nous voilà tous maîtres et esclaves, voués à nous entre-tuer. Mais le mot maître a un autre sens qui l'oppose seulement au disciple dans une relation de respect et de gratitude. Il ne s'agit plus alors d'une lutte des consciences, mais d'un dialogue, qui ne s'éteint plus dès qu'il a commencé, et qui comble certaines vies.* » (II, 1160). Camus ne cherche-t-il pas toujours le dialogue avec ses anciens amis existentialistes ?

37. « [...] *il faut se venger de devoir mourir seul. La mort est solitaire* [...]. » (I, 1543).

38. Cf. *La Peste* (I, 1390—6).

LA VISION SCHIZOPHRÈNE CHEZ MEURSAULT

par Peter V. Conroy *Jr.*

E N dépit des nombreux commentaires et des maints volumes d'analyse qui ont étudié *L'Étranger* sous presque tous les angles, très peu de critiques ont pris au pied de la lettre la façon dont Meursault voit et décrit le monde [1]. À part toute question d'interprétation, il existe une vision du monde environnant particulière à Meursault dont la signification profonde risquerait de nous échapper s'il n'existait pas un autre livre, écrit lui aussi à la première personne du singulier et dont le narrateur possède la même façon insolite de voir et de décrire la réalité physique qui l'entoure. En comparant de très près les passages les plus révélateurs de ces deux textes, nous constatons qu'au moins une forte ressemblance et plus souvent une identité parfaite lient la vision de Meursault à celle d'une schizophrène.

Publié en 1950, le *Journal d'une schizophrène : auto-observation d'une schizophrène pendant le traitement psychothérapique* [2] est un document médical véridique où une jeune fille suisse nommée Renée décrit son expérience de la folie comme elle voyait le monde extérieur et comment elle réagissait devant lui, pendant qu'elle sombrait dans cet état d'aliénation mentale. Bien entendu, nous ne voulons pas conclure tout de suite que Meursault est schizophrène, quoique d'autres critiques aient déjà franchi ce pas [3]. Notre effort n'étant point psychanalytique, nous préférons n'avancer que des hypothèses purement littéraires et laisser aux plus aventureux et aux plus compétents le soin de psychanalyser et Meursault et Albert Camus [4].

La vision schizophrène dans ces deux textes se définit avant tout par rapport à la lumière, une lumière crue et puissante au point de devenir aveuglante :

Ce fut la première fois que les éléments qui devaient plus tard toujours être présents dans mon sentiment d'irréalité se présentèrent : l'immensité sans limite, la lumière éclatante, et le poli, le lisse de la matière.   (p. 12[5])

Renée en effet décrit des salles lumineuses :

Une grange éclairée à l'électricité d'une manière éclatante. Les murs étaient peints en blanc, lisses, lisses et brillants [...].
                                                              (p. 13[5])

Alors je voyais ma chambre devenir immense, disproportionnée, les murs lisses et brillants, et l'affreuse lumière électrique inondant chaque objet de sa clarté aveuglante.   (p. 18[5])

qui ressemblent, sur ce point critique de la lumière aveuglante, à celle où Meursault veille sa mère morte :

C'était une salle très claire, blanchie à la chaux et recouverte d'une verrière.   (I, 1127)
D'avoir fermé les yeux, la pièce m'a paru encore plus éclatante de blancheur. Devant moi, il n'y avait pas une ombre et chaque objet, chaque angle, toutes les courbes se dessinaient avec une pureté blessante pour les yeux.   (I, 1129)

et au parloir de la prison où il reçoit la visite de Marie :

Je suis entré dans une très grande salle éclairée par une vaste baie. [...] Quand je suis entré, le bruit des voix qui rebondissaient contre les grands murs nus de la salle, la lumière crue qui coulait du ciel sur les vitres et rejaillissait dans la salle, me causèrent une sorte d'étourdissement.   (I, 1175-6)

Pour Renée, cette lumière joue un rôle si important dans sa perception de sa folie qu'elle nomme cet état d'aliénation « Éclairement » et elle le décrit comme un paysage étrange :

Pour moi, la folie était comme un pays — opposé à la Réalité — où régnait une lumière implacable, qui ne laisse aucune place pour l'ombre et qui nous aveugle. C'était une immensité sans borne, illimitée, plate, plate — un pays minéral, lunaire, froid comme les steppes du pôle Nord: Dans cette étendue, tout est immuable, immobile, figé, cristallisé.   (pp. 28-9 [5])

Étant donné les pays différents qu'ils habitent et par conséquent les climats différents qu'ils connaissent, le contraste entre ce paysage froid de Renée et la campagne ensoleillée de Meursault ne doit pas nous surprendre. En fait, sous ces apparentes différences, les mêmes éléments de base existent : le soleil aveuglant et un paysage monotone, infini, où tout est immobile.

Sur la plage immense près du cabanon de Masson : « *J'ai marché longtemps.* » (I, 1165), dans ce plat désert silencieux :

Pendant tout ce temps, il n'y a plus eu que le soleil et ce silence, avec le petit bruit de la source et les trois notes. (I, 1164)

sous le soleil étouffant et sa lumière opprimante :

Le soleil était maintenant écrasant. Il se brisait en morceaux sur le sable ou sur la mer.   (I, 1163)

Meursault aussi se trouve dans un pays irréel où il se perd, où la chaleur, une variation sur la lumière implacable, l'enveloppe et l'engourdit :

C'était le même éclatement rouge. Sur le sable, la mer haletait de toute la respiration rapide et étouffée de ses petites vagues. Je marchais lentement vers les rochers et je sentais mon front se gonfler sous le soleil. Toute cette chaleur s'appuyait sur moi et s'opposait à mon avance.   (I, 1165)

Dans cet univers figé, toute action se passe au ralenti :
l'Arabe, immobile, couché par terre regardant Meursault qui
semble comme suspendu, immobilisé devant lui. Une longue
attente : « *L'Arabe n'a pas bougé.* [...] *J'ai attendu.* » (I, 1166).
Puis en faisant un seul pas en avant, geste minime, Meursault
déclenche le ressort et brise « *l'équilibre du jour, le silence
exceptionnel* » qui régnaient jusqu'à ce moment-là.

Éblouissante, aveuglante, cette même lumière investit
tous les objets qu'elle touche d'une réalité et d'une présence
terrifiantes :

J'apercevais les objets si découpés, si détachés les uns des autres,
si polis, tels des minéraux, si illuminés, si tendus, qu'ils me faisaient une peur intense. [...] Et ces « choses » se mettaient à
exister.   (p. 37[5])
Dans le silence et l'immensité, chaque objet se découpait au couteau, détaché dans le vide, dans l'illimité, séparé des autres
objets. À force d'être lui seul, sans aucun lien avec l'entourage,
il se mettait à exister.   (p. 58[5])

Dans ces passages Renée subit une crise qui rappelle la brus-
que révélation de la nausée d'Antoine Roquentin : « *C'est
depuis ce fameux jour où je voulais faire des ricochets. J'allais
lancer ce galet, je l'ai regardé et c'est alors que tout a commencé : j'ai senti qu'il existait. Et puis après ça, il y a eu
d'autres Nausées ; de temps en temps les objets se mettent
à vous exister dans la main.* »[6]. Meursault aussi, dans la pièce
blanchie qui sert de morgue à l'asile, est sollicité par des
détails minimes, insignifiants qui se détachent de ce qui les
entourent. Quand il regarde le cercueil, il voit « *seulement
des vis brillantes, à peine enfoncées, se détacher sur les plan-
ches passées au brou de noix* » (I, 1127). De l'infirmière arabe
il ne retient que le contraste entre le blanc de la pièce et le
« *foulard de couleur vive* » qu'elle avait « *sur la tête* », et plus
tard « *la blancheur du bandeau dans son visage* ». L'irréalité
insolite de cette scène, ou plutôt de la vision de Meursault,
augmente lors de l'entrée des vieux amis de sa mère. Dans
le silence absolu, sous une lumière forte et crue, ce défilé

bizarre prend les proportions d'une hallucination lourde de menaces puisque Meursault lui-même se laisse impressionner par une terreur sourde mais prophétique : « *J'ai eu un moment l'impression ridicule qu'ils étaient là pour me juger.* » (1130) :

> Devant moi, il n'y avait pas une ombre et chaque objet, chaque angle, toutes les courbes se dessinaient avec une pureté blessante pour les yeux. C'est à ce moment que les amis de maman sont entrés. Ils étaient en tout une dizaine, et ils glissaient en silence dans cette lumière aveuglante. Ils se sont assis sans qu'aucune chaise grinçât. Je les voyais comme je n'ai jamais vu personne et pas un détail de leurs visages ou de leurs habits ne m'échappait. Pourtant je ne les entendais pas et j'avais peine à croire à leur réalité. [...] je ne voyais pas leurs yeux, mais seulement une lueur sans éclat au milieu d'un nid de rides.   (I, 1129)

De même lors de la visite de Marie en prison Meursault remarque que les personnes qui l'entourent paraissent détachées : « *Pourtant, j'ai fini par voir chaque visage avec netteté, détaché dans le plein jour.* » (I, 1176).

Détachés, libérés de leurs liens normaux avec la réalité, de tels détails peuvent connaître une croissance monstrueuse, se mettant ainsi à exister, ce qui provoque chez Renée une forte angoisse :

> Elle me sourit gentiment [...]. Mais son sourire, au lieu de me rassurer, augmenta encore mon angoisse et mon désarroi, car j'aperçus ses dents, qu'elle avait blanches et régulières. Ces dents brillaient sous l'éclat de la lumière, et bientôt, quoique toujours semblables à elles-mêmes, elles occupèrent toute ma vision, comme si toute la salle n'était que dents, sous une lumière implacable.   (p. 15 [5])

Meursault aussi se trouve menacé par de pareilles métamorphoses, mais d'une autre façon. Ici le détail commence innocemment comme une métaphore que Camus développe exprès, pour que, à la fin, elle devienne une réalité palpable, une véritable angoisse physique. Ainsi le reflet du soleil sur le sable est-il décrit comme une « *épée de lumière* » (I, 1165) pendant toute la promenade de Meursault sur la plage, préparant ainsi l'arme redoutable qui sera le choc de cette lumière terrible sur le couteau de l'Arabe. En face de l'Arabe, le revolver au poing, Meursault reçoit en plein visage le reflet de lumière qui se transforme immédiatement en glaive qui l'attaque :

> [...] l'Arabe a tiré son couteau qu'il m'a présenté dans le soleil. La lumière a giclé sur l'acier et c'était comme une longue lame étincelante qui m'atteignait au front. [...] Je ne sentais plus que les cymbales du soleil sur mon front et, indistinctement, le glaive éclatant jailli du couteau toujours en face de moi. Cette épée brûlante rongeait mes cils et fouillait mes yeux douloureux.
>
> (I, 1166)

Si les objets, eux, sont susceptibles de devenir ainsi « vivants », les personnes vraiment vivantes tendent, en revanche, à devenir inertes ou mieux, des robots, des automates, des pantins qui ne possèdent plus le pouvoir d'initier leurs propres mouvements. Dans la salle éclairée de la lumière terrible, Renée observe : « *Les élèves et les maîtresses semblaient des marionnettes qui évoluaient sans raison, sans but.* » (p. 14 [5]). Aussi : « *Autour de moi, mes camarades, têtes penchées, paraissaient des robots ou des mannequins, actionnés par une mécanique invisible. Sur l'estrade, le professeur qui parlait, gesticulait, se levait pour écrire au tableau, semblait lui aussi un pantin grotesque.* » (p. 17 [5]). À l'enterrement de la mère de Meursault, le vieux Perez s'évanouit et tombe par terre comme « *un pantin disloqué* » (I, 1135). Au restaurant Meursault observe et puis suit, fasciné, cette femme bizarre, la femme automate (I, 1155).

À côté de cette sensibilité à la lumière, une perte de perspective caractérise cette vision schizophrène. Renée, par exemple, voit les objets qui l'entoure (ceux qui ne deviennent pas hallucinants en acquérant leur propre vie) comme des décors théâtraux, sans dimension et sans profondeur. Dans une salle « *les chaises et les tables me parurent des maquettes posées çà et là* » (p. 14 [5]) tandis qu'à la campagne « *les arbres et les haies étaient de carton, posés çà et là comme des accessoires de théâtres* » (p. 22 [5]). Elle le reconnaît elle-même d'ailleurs : « *j'avais perdu le sens de la perspective* » (p. 16 [5]).

Si la perspective que perd Renée est visuelle, celle que perd Meursault est chronologique. Le résultat dans les deux cas est le même : le personnage est « déboussolé » en perdant ses points de repère normaux, soit dans un espace physique, soit dans une dimension temporelle, qui l'enracinent dans le monde réel. Meursault est un « étranger » précisément parce qu'il a perdu ce contact constant et normal avec son milieu. Dès la première page du roman, la chronologie normale du récit est disloquée [7]. À part le doute sur le jour exact de la mort de sa mère (« *Aujourd'hui* [...]. *Ou peut-être hier, je ne sais pas.* », I, 1125), les temps des verbes, le passé et le futur, s'entremêlent et indiquent, non pas un journal tenu au jour le jour, pris sur le vif comme le prétendent certains critiques [8] et non plus une narration cohérente faite par Meursault dans sa cellule juste avant sa mort [9], mais plutôt son état mental de flottement, son incapacité à s'orienter dans le temps ou à se servir de cette quatrième dimension pour ajouter un relief temporel à son récit. « *J'ai pris l'autobus à deux heures. Il faisait très chaud. J'ai mangé au restaurant, chez Céleste, comme d'habitude. Ils avaient tous beaucoup de peine pour moi et Céleste m'a dit* [...]. » Bien que ces deux actions ne soient pas simultanées (il a déjeuné chez Céleste avant de prendre l'autobus de deux heures), Meursault refuse le plus-que-parfait qui aurait distingué facilement et naturellement ces actions sur le plan grammatical et chronologique. Puisqu'il connaît assez bien le français pour employer l'imparfait du subjonctif, le refus d'un plus-que-parfait banal ne peut être que le résultat d'un effort stylistique voulu. De même les adverbes et les locutions tempo-

relles : « *hier - aujourd'hui - ce matin - le lendemain* », etc.
n'indiquent point les articulations chronologiques habituelles
d'un récit. Puisqu'il leur manque une structure temporelle
bien définie dans laquelle ils peuvent s'intégrer et opérer
comme les indicateurs qu'ils doivent être, ils virent de l'autre
côté et créent l'impression d'une longue et vague durée où
tout s'estompe et d'où jaillissent seulement de temps en
temps des moments bien vus et clairs, quoique les rapports
qui lient ces moments entre eux soient toujours lâches et
obscurs. L'emploi des conjonctions *et* et *mais* tend à ce même
but. Ces mots égalisent les propositions d'une phrase, ils ne
les subordonnent jamais l'une à l'autre. Ils ne fournissent
donc aucune indication qui crée un contexte chronologique
précis. La grande fréquence de tels mots, neutres du point de
vue temporel, et le refus grammatical des distinctions chronologiques significatives (le passé composé et l'imparfait, qui
dominent de loin le récit, se présentent comme simultanés)
témoignent de cette perte de perspective et démentent la
clarté et la simplicité apparentes du texte.

La dernière évidence d'une perte de perspective chronologique se trouve dans Meursault lui-même. Il indique clairement qu'il ne suit pas toujours ce qui se passe autour de lui,
qu'il « décroche » de temps en temps et qu'il y a de longues
périodes dans sa vie qu'il passe sous silence (qu'il a peut-être
ignorées, qu'il n'a pas enregistrées) en contraste avec les courtes secondes qu'il privilégie et qui envahissent le vide créé
par son décrochage : sur les dix-huit jours qui composent la
première partie du roman, Meursault parle longuement de
son dimanche solitaire mais ne donne rien que quelques brè-
ves indications sur son travail ou le reste de la semaine. Le
peu d'intérêt que provoque en Meursault la possibilité de
vivre de nouveau à Paris et son laconisme sur la vie qu'il y
menait autrefois relèvent de ce même phénomène. Paris et
la partie parisienne de sa vie appartiennent à un monde dont
Meursault s'est dégagé. Tout cela appartient maintenant au
vide, à l'oubli, au silence.

De l'enterrement de sa mère Meursault nous fournit une description exacte et circonstanciée jusqu'au dernier moment où il « décroche ». Alors il ne retient dans sa narration que quelques images fugaces et fragmentaires qui volent devant les yeux du lecteur à une vitesse croissante comme une séquence de photographies instantanées au cours d'un film :

J'ai encore gardé quelques images de cette journée : par exemple, le visage de Pérez quand, pour la dernière fois, il nous a rejoints près du village. [...] Il y a eu encore l'église et les villageois sur les trottoirs, les géraniums rouges sur les tombes du cimetière, l'évanouissement de Pérez (on eût dit un pantin disloqué), la terre couleur de sang qui roulait sur la bière de maman, la chair blanche des racines qui s'y mêlaient, encore du monde, des voix, le village, l'attente devant un café, l'incessant ronflement du moteur [...]. (I, 1135)

À part les résonances symboliques (« *la terre couleur de sang* » annonce sa propre mort), ce passage illustre la nature fragmentaire et hachée de son attention, sa désorientation chronologique. Au cours de son propre procès, lequel doit l'intéresser au premier chef, Meursault ne peut pas concentrer son attention et le suivre complètement :

D'ailleurs, je dois reconnaître que l'intérêt qu'on trouve à occuper les gens ne dure pas longtemps. Par exemple, la plaidoirie du procureur m'a très vite lassé. Ce sont seulement des fragments, des gestes ou des tirades entières, MAIS DÉTACHÉES DE L'ENSEMBLE, qui m'ont frappé ou ont éveillé mon intérêt. (I, 1193)

En contraste apparent — mais ce n'est qu'apparent — semblent se situer ces passages où Meursault passe des heures à ne rien faire, à regarder autour de lui (son dimanche solitaire) ou à se souvenir :

J'ai fini par ne plus m'ennuyer du tout à partir de l'instant où j'ai appris à me souvenir. Je me mettais quelquefois à penser à ma chambre et, en imagination, je partais d'un coin pour y revenir en dénombrant mentalement tout ce qui se trouvait sur mon chemin. (I, 1179)

Ce pouvoir de concentration extraordinaire ne contredit en
rien son attention fragmentaire et la chronologie offusquée
qui en résulte, parce qu'il s'agit non pas d'une véritable concentration mais plutôt d'une indifférence et d'une apathie
profondes dans lesquelles et Meursault et Renée sont tombés :

Je demeurai la plus grande partie de la journée assise sur une
chaise, regardant fixement devant moi. Je pouvais me plonger
dans la perception d'une tache minuscule qui m'absorbait tout
entière. Une tache grosse comme un grain de poivre pouvait me
retenir pendant trois-quatre heures, sans que j'éprouve le besoin
de quitter des yeux ce monde microscopique. Seule une force
majeure parvenait à me tirer de là.   (p. 56 [5])

L'inertie domine ces deux personnages : Meursault ne trouve
pas la force de monter l'escalier en bois pour rentrer chez
Masson comme, sur la plage devant l'Arabe, il ne sait pas
résister à la force qui le pousse à l'acte criminel. Quant à
Renée : « *Les moindres mouvements me coûtaient un effort*
extraordinaire, surtout dans leur mise en train. Une fois que
j'avais commencé, cela devenait plus facile, mais alors je
n'arrivais plus à m'arrêter. » (p. 56 [5]).

   Bien qu'ils soient tous deux apathiques et victimes de
cette inertie, Renée et Meursault sont des êtres intelligents
(la schizophrénie est la maladie mentale des intelligents), très
réguliers dans leur travail et appréciés de leurs amis et de
leurs voisins. Ils éprouvent également une angoisse constante,
bien qu'elle soit plus précise et nettement formulée chez
Renée que chez Meursault : ils se sentent toujours coupables.
La certitude d'une culpabilité monumentale et impardonna-
ble sans cause et sans explication hante Renée :

J'étais tout simplement profondément et immensément coupable.
                                                       (p. 66 [5])
[...] je compris que ma peur cachait une culpabilité. Je sentais
en moi une culpabilité infinie, terrible.   (p. 31 [5])
J'étais coupable, abominablement coupable, intolérablement coupable, sans motif et sans cause [...] la punition la plus terrible

[*qu'elle s'inflige, à elle-même*] était justement de me sentir éter-
nellement coupable, universellement coupable.   (p. 32 [5])

Meursault, lui, ne va jamais aussi loin dans cette accusation
de soi. Néanmoins, il subit aussi les effets d'un puissant sentiment de culpabilité. Il ne cesse, par exemple, de s'excuser
de choses dont il n'a aucune raison de s'excuser. Il reconnaît
ce fait mais cela ne l'empêche pas de sentir le besoin de
s'excuser :

J'ai demandé deux jours de congé à mon patron et il ne pouvait
pas me les refuser avec une excuse pareille. Mais il n'avait pas
l'air content. Je lui ai même dit : « Ce n'est pas de ma faute. »
Il n'a pas répondu. J'ai pensé alors que je n'aurais pas dû lui
dire cela. En somme, je n'avais pas à m'excuser.   (I, 1125)

Quand il dit au concierge de l'asile qu'il ne veut pas voir sa
mère morte, il éprouve ce même sentiment de culpabilité, ce
même besoin de s'excuser :

[...] j'étais gêné parce que je sentais que je n'aurais pas dû dire
cela.   (I, 1127)

Après la surprise à peine cachée de Marie quand elle apprend
la mort récente de sa mère, Meursault remarque :

J'ai eu envie de lui dire que ce n'était pas ma faute, mais je me
suis arrêté parce que j'ai pensé que je l'avais dit à mon patron.
Cela ne signifiait rien. De toute façon, on est toujours un peu
fautif.   (I, 1137)

Une dernière ressemblance entre Renée et Meursault se
laisse entendre par quelques techniques narratives.
À part le détail qu'ils se servent du vocable enfantin
maman, Renée pour indiquer son analyste, Meursault sa véritable mère, ils se rapprochent par leur côté caché, fermé,
leur refus (pour Meursault) ou leur incapacité (pour Renée)
de s'ouvrir et de se montrer tels qu'ils sont, et cela malgré

le fait que le Journal de Renée servait d'étape importante dans sa guérison et que la narration à la première personne de Meursault doit être, du point de vue littéraire, une forme personnelle, introspective qui se prête aux confidences les plus secrètes.

En refusant l'emploi de la seconde personne avec son analyste Renée se cache, en quelque sorte, dans l'interstice grammatical qui distingue *vous* et *elle* :

> Ce qui me faisait un bien extraordinaire, c'est lorsqu'elle parlait d'elle à la troisième personne en disant : « Maman et Renée » et non « Je et vous ». Quand elle employait par hasard la première personne, aussitôt je ne la reconnaissais plus... « Je », « vous » qui était-ce ? Pour moi cela ne représentait aucune réalité. Au contraire : « Maman », « Renée » ou encore « le Petit Personnage » renfermaient la réalité, la vie, l'affectivité. (p. 35[5])

Beaucoup plus fin et subtil du point de vue littéraire est le cas de Meursault. L'emploi presque excessif de *on* est un masque derrière lequel Meursault se cache. Dire « on » au lieu de « je » enlève la responsabilité à tout ce qu'il dit. Il ne se compromettra pas dans ces comparaisons, dans ces descriptions, dans ces remarques s'il les attribue non pas à lui-même mais à cet *on* indéfini. De même, le style indirect libre permet qu'il rapporte des conversations sans que les paroles précises soient connues[10]. Ici il se cache en face du dialogue direct et clair de Salamano :

> Quand j'ai ouvert, il [*Salamano*] est resté un moment sur le seuil et il m'a dit : « Excusez-moi, excusez-moi. » Je l'ai invité à entrer, mais il n'a pas voulu. Il regardait la pointe de ses souliers et ses mains croûteuses tremblaient. Sans me faire face, il m'a demandé : « Ils ne vont pas me le prendre, dites, monsieur Meursault. Ils vont me le rendre. Ou qu'est-ce que je vais devenir ? » Je lui ai dit que la fourrière gardait les chiens trois jours à la disposition de leurs propriétaires et qu'ensuite elle en faisait ce que bon lui semblait. Il m'a regardé en silence. Puis il m'a dit : « Bonsoir. » (I, 1151-2)

L'impression laissée par ces deux techniques est d'un personnage flou et tamisé comme si Meursault existait dans l'ombre tandis que tout autour de lui se trouvait au plein jour. Nous ne voyons pas clair dans sa personnalité et ainsi s'y installe le mystère et l'ambiguïté qui le caractérisent. Ces techniques traduisent sur le plan stylistique la réflexion psychologique de Meursault à son avocat lorsque celui-ci lui a posé une question sur les mobiles de ses actions à l'asile : « *Cette question m'a beaucoup étonné et il me semblait que j'aurais été très gêné si j'avais eu à la poser. J'ai répondu cependant que j'avais un peu perdu l'habitude de m'interroger et qu'il m'était difficile de le renseigner.* » (I, 1170). Cette pudeur, cette ignorance de soi ou ce refus de se découvrir se retrouvent dans les réponses de Meursault quand Marie lui demande s'il l'aime et veut l'épouser ou quand le procureur veut savoir s'il aimait sa mère.

Bien qu'il soit le narrateur et le personnage principal du roman, Meursault n'a pas le caractère assez entreprenant pour être un véritable protagoniste. Passif, victime d'une inertie mentale et morale, il réagit au lieu d'agir. Il ne commence guère de conversations, et une fois engagé par un interlocuteur il préfère écouter que parler : « *En général, il* [Raymond] *n'est guère aimé. Mais il me parle souvent et quelquefois il passe un moment chez moi parce que je l'écoute. Je trouve que ce qu'il dit est intéressant.* » (I, 1143). Lors de son instruction judiciaire, Meursault se fige dans cette attitude silencieuse : il n'offre aucun renseignement supplémentaire et se contente de répondre très brièvement, très insuffisamment aux questions les plus importantes. En effet c'est ce laconisme qui agace tellement son avocat et son juge d'instruction. Ce n'est qu'à la fin, en face de l'aumônier, que Meursault éclate, abandonne cette attitude de silence et de passivité pour initier verbalement et physiquement : « *Alors, je ne sais pourquoi, il y a quelque chose qui a crevé en moi. Je me suis mis à crier à plein gosier et je l'ai insulté et je lui*

ai dit de ne pas prier. Je l'avais pris par le collet de sa sou-
tane. » (1208).

En fin de compte, c'est le procès lui-même qui donne
l'image parfaite du silence et de la passivité de Meursault.
Les autres parlent et lui, il écoute. « *Même sur un banc*
d'accusé, il est toujours intéressant d'entendre parler de soi. »
(I, 1193). Une fois il songe à parler lui aussi, mais il y renonce
vite : « *Malgré mes préoccupations, j'étais parfois tenté*
d'intervenir [...]. *De temps en temps, j'avais envie d'inter-*
rompre tout le monde et de dire : "Mais tout de même, qui
est l'accusé ? C'est important d'être l'accusé. Et j'ai quelque
chose à dire !" Mais réflexion faite, je n'avais rien à dire. »

Pour créer son homme absurde et pour faire sentir d'une
manière suffisamment frappante ce que c'est qu'un étranger
total, un déraciné absolu, un isolé qui représente ainsi la condition fondamentale et problématique de l'homme moderne,
Camus semble avoir trouvé d'une façon géniale et intuitive
cette vision schizophrène. L'aliénation mentale sérieuse et
véritable qu'il incarne dans Meursault traduit sur le plan
littéraire l'effet d'aliénation philosophique et la reconnais-
sance de l'Absurde qu'il recherche. Camus se sert de la folie
potentielle de Meursault qu'il a su imaginer mais qui se révèle
néanmoins exacte jusque dans les moindres détails, afin de
rehausser la pensée polémique et philosophique qu'il veut
imposer à ses lecteurs.

NOTES

ÉDITION UTILISÉE

I 1963

*

1. Il existe pourtant des exceptions à signaler : J.H. MATTHEWS, « L'Œil de Meursault », *La Revue des lettres modernes*, vol. VIII, nᵒˢ 64—66, automne 1961, pp. 441—54, et M.G. BARRIER, *L'Art du récit dans "L'Étranger"* (Paris, Nizet, 1962) pp. 37—50.

2. Les notes, alors inédites, qui sont devenues ce Journal ont déjà servi à Louisa Duss comme base de comparaison entre la philosophie existentialiste et la schizophrénie dans son article, « Critique psychiatrique de l'existentialisme : expérience existentialiste chez un schizophrène » (*Annales médico-psychologiques*, tome II, nᵒ 5, décembre 1948, pp. 553—95).

3. Roger Troisfontaines, dans son « Existentialisme et pensée chrétienne » (*Nouvelle Revue de théologie*, nᵒ 2, mars-avril 1946, pp. 145—81), le dit carrément : « *L'homme est* l'étranger — *c'est le titre du roman dans lequel Camus décrit une conscience schizophrène dépourvue de tout contact affectif.* » Aimé Patri, dans « Notes sur le sentiment d'étrangeté » (*L'Arche*, nᵒ 5, septembre 1944, pp. 115—7), fait référence à la schizophrénie pour évoquer « *la leçon la plus précieuse de* L'Étranger ».

4. Une étude proprement psychanalytique est celle d'Alain Costes, *Albert Camus ou la parole manquante* (Paris, Payot, 1973), où l'auteur considère que la « *structure schizoïde* » est fondamentale à *L'Étranger* et à l'ensemble d'œuvres qu'il englobe sous la formule « *le Cycle de l'Absurde* » aussi bien qu'à Albert Camus lui-même pendant cette période de sa vie.

5. M.A. SECHEHAYE, *Journal d'une schizophrène : auto-observation d'une schizophrène pendant le traitement psychothérapique*, Paris, Presses Universitaires de France, 1969.

6. Jean-Paul SARTRE, *La Nausée* (Paris, Gallimard, 1954), p. 156.

7. A. DE PICHON-RIVIÈRE *et* W. BARANGER, « Répression du deuil et intensification des mécanismes et des angoisses schizo-paranoïdes. Notes sur *L'Étranger* de Camus », *La Revue française de psychanalyse*, nᵒ 3, 1959, pp. 409—20. Ils disent, par exemple, que « *le récit a parfois la séquence d'une association libre* » (p. 411) et que « *la perte de la notion du temps est évidente dès le début du roman* » (p. 412).

8. Jean-Claude PARIENTE, « L'Étranger et son double », *ACI*, 53—80.

9. Pour une discussion complète de cette question voir M.G. BARRIER, *op. cit.*, pp. 22—8.

10. Voir une discussion plus longue mais analogue à la nôtre de ce phénonène : Brian T. FITCH, « Aspects de l'emploi du discours indirect libre dans *L'Étranger* », *ACI*, 81—91.

III

CARNET CRITIQUE

ALBERT CAMUS

DEVANT LA CRITIQUE SOVIÉTIQUE

par Nadine Natov

L E présent recensement porte sur une quinzaine d'études consacrées en Union Soviétique à l'œuvre de Camus. Jusqu'à présent il n'y a qu'un seul livre consacré à l'examen de l'œuvre de Camus et deux ou trois articles ; mais il y a des chapitres sur Camus dans plusieurs ouvrages plus généraux et, assez souvent, on trouve des remarques critiques sur son œuvre et sur son attitude philosophique dans de nombreux articles d'un caractère plutôt sociologique et idéologique que littéraire.

En Union Soviétique, la critique des œuvres de Camus a devancé considérablement la rencontre des lecteurs avec l'œuvre littéraire de Camus. Son nom et le titre de quelques-unes de ses œuvres paraissent sur les pages des journaux et des livres soviétiques bien avant la traduction de ses œuvres en langue russe. En 1962 le journal *Oktiabr* ([*Octobre*], Moscou) annonce la publication prochaine de *La Peste* d'Albert Camus, mais la première traduction de ses récits en russe ne paraît qu'en 1968. *L'Étranger* et « L'Hôte » sont les premiers spécimens de l'art de Camus offerts aux lecteurs soviétiques

---

* Voir, ci-après, notre Bibliographie pour les coordonnées des articles et des textes cités.

par le journal *Inostrannaia literatura* ([*La Littérature étran-gère*], Moscou, n° 9, 1968). Quatre mois plus tard, le plus populaire des journaux littéraires de Moscou, *Novyi Mir* ([*Le Nouveau Monde*]) publie dans son numéro de janvier 1969 les récits « La Femme adultère » et « Les Muets ». (Dans le premier de ces récits la traductrice P. Lintser a omis l'adjec-tif, et le titre russe ne porte que le premier mot : « [La Femme] ».) Quatre mois plus tard, le même journal publie *La Chute*, suivi d'un bref commentaire par Ilya Sats, membre du comité éditorial du journal.

Enfin, au mois de janvier 1970, paraît le premier et jus-qu'à présent le seul livre de Camus en russe — le recueil des œuvres choisies, précédées d'une longue préface écrite par Samari Velikovski, critique qui a déjà publié dans les jour-naux soviétiques plusieurs études consacrées à Sartre et à Camus. C'est dans ce recueil qu'on trouve, à côté de *L'Étran-ger* et de *La Chute* déjà connus des lecteurs soviétiques, la première traduction russe de *La Peste*. Dans la deuxième partie du recueil on trouve quelques récits et essais des ouvra-ges *L'Exil et le royaume* (« La Femme adultère » qui garde ici son adjectif, « Les Muets » qui apparaissent dans la nou-velle traduction de K. Naumova sous le titre de « [Silence] », et « Jonas »), *Noces* (« Noces à Tipasa » et « Le Vent à Djé-mila ») et un seul essai du livre *L'Été*, nommément « Le Retour à Tipasa ». Enfin, en 1970, le journal [*La Littérature étrangère*] a publié, dans son deuxième numéro, la traduc-tion russe de l'adaptation faite par Camus de *Requiem pour une nonne* de William Faulkner.

C'est ainsi que *Le Mythe de Sisyphe* et *L'Homme révolté* ne sont accessibles en Union Soviétique qu'aux lecteurs qui lisent le français et qui peuvent se procurer le texte original. Pour satisfaire l'intérêt de certains lecteurs, le journal clan-destin *Vetche*, qui paraît en « Samizdat », a publié la traduc-tion du chapitre « Le Refus du salut » de *L'Homme révolté*. Le choix de ce chapitre particulier indique clairement que l'accent est porté ici plutôt sur le problème d'Ivan Karamazov, héros de Dostoïevski, que sur Camus. Il faut aussi ajouter que *L'Étranger* a été traduit en russe à Paris, vers l'année 1966, par le critique russe George Adamovitch. qui a aussi écrit une excellente introduction.

Maintenant voyons comment les critiques soviétiques interprètent l'œuvre de Camus. On peut distinguer deux attitudes — l'une purement idéologique et l'autre plus littéraire, ce qui du reste est plus rare, et deux périodes différentes. La première période s'étend à peu près jusqu'en 1967, la deuxième est marquée par la publication des œuvres de Camus en russe et la parution du livre de Velikovski sur Camus.

L'information sur la vie et l'activité littéraire de Camus a été donnée dans les livres écrits par L.G. Andreiev ([*La Littérature française 1917—1956*], 1959), par I.D. Chkounaieva ([*La Littérature française contemporaine*], 1961) et par Hélène M. Èvnina ([*Le Roman français contemporain : 1940— 1960*], 1962). Ensuite, le nom de Camus a commencé à paraître dans plusieurs articles de journaux et dans des recueils d'articles, dirigés surtout contre la philosophie et l'éthique occidentales qui sont qualifiées de l'épithète « bourgeoise ».

Nous allons examiner ici, à titre d'exemple, une interprétation typique de la première période, l'article de V.N. Kuznetsov « [Les Vues éthiques des existentialistes français] », publié dans le recueil [*Contre l'éthique bourgeoise contemporaine*] (1965), sous l'égide de l'Institut de Philosophie de l'Académie des Sciences de l'U.R.S.S. La phrase de Camus : « *Ce qui distingue la sensibilité moderne de la sensibilité classique, c'est que celle-ci se nourrit de problèmes moraux, et celle-là de problèmes métaphysiques.* » (*Le Mythe de Sisyphe* ; II, 182) sert à Kuznetsov de point de départ. Il accepte partiellement l'importance des problèmes moraux et montre qu'ils dominent l'existentialisme français. La thèse principale de Kuznetsov est purement politique : il parle de la lutte des deux systèmes sociaux — le capitalisme et le socialisme — au cœur de laquelle il décèle dans « l'éthique bourgeoise » la

crise la plus profonde (p. 61). Pour Kuznetsov Camus est le
troisième « pilier » de l'existentialisme athée aux côtés de
Sartre et de Simone de Beauvoir (p. 74). Dans son examen
Kuznetsov se réfère non seulement aux écrits philosophiques
de Camus, comme *Le Mythe de Sisyphe*, *L'Homme révolté* et
les *Actuelles*, mais aussi à *L'Été*, à *La Peste* et aux pièces *Le
Malentendu* et *Caligula*. Kuznetsov déclare que « L'idéalisme
subjectif est la base philosophique de l'éthique existentialiste » et accuse les existentialistes de professer le détermi-
nisme mécanique et de priver la vie humaine de tout sens.
Leur éthique est considérée comme « pleine de haine envers
l'homme » (p. 83). C'est sous cet angle que Kuznetsov interprète la vie de Roquentin et de Meursault : « l'absurde règne
partout » (p. 85), conclut notre critique sans avoir examiné
ce que signifie pour Camus la notion de l'absurde. Après un
court résumé du *Malentendu*, Kuznetsov dit que cette pièce
prouve l'amoralisme de l'existentialisme français qui « rejette
toutes normes morales » (p. 87). Caligula est présenté comme
un héros justifié par Camus. Kuznetsov continue l'interprétation parallèle des œuvres de Camus et de Sartre, négligeant
toute différence entre les deux écrivains. Parlant de l'idée de
la liberté dans *Les Chemins de la liberté*, *La Peste* et *L'État
de siège*, Kuznetsov déclare, sans beaucoup de conséquence,
que « le problème de l'activité est résolu du point de vue
individualiste », et caractérise Rieux et Diego comme « rebel-
les solitaires » (p. 105). De cette façon, l'importance attribuée par Camus à l'idée de la solidarité humaine est complètement laissée de côté.

Plusieurs autres critiques appliquent le même principe à
leur examen de l'œuvre de Camus, ce qui, dans la plupart des
cas, leur fait perdre de vue plusieurs aspects de l'attitude spirituelle de Camus.

Ainsi E. Soloviev, dans son essai historique et critique
sur « [L'Existentialisme] » paru dans le journal *Voprosy filosofii* ([*Problèmes de la philosophie*], Moscou, n° 1, 1967) reconnaît l'honnêteté des efforts de Camus pour trouver une solu-

tion aux problèmes de son temps (p. 129). Néanmoins Soloviev interprète le sens des catégories du suicide et de la
révolte camusiens uniquement du point de vue idéologique
ou plutôt politique, comme les résultats du désarroi et du
désespoir nés de l'impasse tragique de l'histoire occidentale.
Il faut noter que Soloviev ne se réfère pas directement aux
œuvres de Camus, mais au livre de P. Nguyen-Van-Huy, *La
Métaphysique du bonheur chez Camus.*

Presque en même temps, le philosophe V.A. Karpouchine
se propose de révéler les traits caractéristiques de l'individu
tel que Camus le voyait. Dans son article « [Le Concept de
l'individu chez Albert Camus] » (publié par le même journal
[*Problèmes de la philosophie*], n° 2, 1967), il met l'accent sur
l'interprétation anthropologique de l'existence de l'individu
dans l'univers absurde (p. 128). Karpouchine soumet la théorie de l'absurde à un examen détaillé, admet parfois sa validité et sa raison d'être pour « les intellectuels bourgeois »,
mais la rejette comme privée de tout sens social. Il ne se
réfère qu'au *Mythe de Sisyphe* et ne voit dans cette œuvre
qu'une philosophie pessimiste de l'individu voué à la solitude
et à l'échec. Karpouchine est d'avis que « cette philosophie tragique de l'absurde [...] a perdu à notre époque son sens antifasciste et est devenue réactionnaire » (p. 130). Il admet que
Camus a réussi à peindre l'absurdité de l'existence indivi-
duelle « dans les conditions concrètes de la société bourgeoise » (p. 131), mais réfute l'application du terme *absurdité*
à l'existence en des termes généraux. La dialectique camusienne du dualisme de l'existence et de la conscience d'exister
reste en dehors de l'examen du philosophe soviétique. Il présente Camus comme écrivain individualiste et pessimiste :
« [...] Camus croit que l'aliénation est insurmontable et la
considère comme la condition éternelle de l'humanité. »
(p. 132). Comme la plupart des critiques soviétiques, Karpouchine ne veut pas voir l'autre côté de Camus — ses efforts
pour combattre l'absurde, sa résistance au mal au nom de
l'humanité souffrante, le vrai sens de sa révolte aussi bien

que sa capacité pour trouver la valeur intrinsèque de l'existence *hic et nunc.*

Pour confirmer son attitude négative envers « le philosophe petit-bourgeois » Camus qui « est passé dans le camp des anti-communistes militants » (p. 136), Karpouchine conclut son article en disant : « Par la bouche du héros de la nouvelle "L'Été" (qui est aussi connu sous le titre de "Prométhée en enfer" [*sic*]) il [*Camus*] déclare directement "Je hais mon époque" » (p. 136), et il se réfère au livre *L'Été* (pp. 116-7). Cette conclusion surprenante est fondée sur une lecture superficielle et erronnée du texte de Camus qui déforme complètement le sens de la pensée camusienne. Il convient d'y apporter les corrections suivantes : il n'y a pas de « nouvelle "L'Été" », mais un recueil *L'Été* qui comporte huit essais ; le passage cité par Karpouchine n'est pas pris de l'essai « Prométhée aux Enfers », mais de l'essai « L'Exil d'Hélène ». En réalité, Camus déplore la perte par le monde moderne de l'idée de limite et de beauté, qui était chère aux Grecs ; il cherche des voies pour restaurer le sens de l'harmonie en refusant le fanatisme et la tyrannie. Il se rappelle les paroles de Saint-Exupéry et dit dans le passage en question :

« Je hais mon époque », écrivait avant sa mort Saint-Exupéry, pour des raisons qui ne sont pas très éloignées de celles dont j'ai parlé. Mais, si bouleversant que soit ce cri, venant de celui qui a aimé les hommes dans ce qu'ils ont d'admirable, nous ne le prendrons pas à notre compte. Quelle tentation, pourtant, à certaines heures, de se détourner de ce monde morne et décharné ! Mais cette époque est la nôtre et nous ne pouvons vivre en nous haïssant.   (II, 856)

Camus termine son essai sur une note optimiste : il espère que « *la beauté d'Hélène* », la mesure et l'harmonie seront restaurées un jour (« L'Exil d'Hélène », *L'Été* ; II, 856-7).

Le nom de Camus figure aussi dans les deux articles de B.S. Rurikov, rédacteur du journal [*La Littérature étrangère*].

Dans l'article « [L'Activité de l'art — notes polémiques à propos du réalisme et de la contemporanéité] » ([*La Littérature étrangère*], n° 2, 1968), Rurikov cite, inexactement du reste, le passage de la Conférence d'Upsal du 14 décembre 1957, où Camus exprime son opinion sur la théorie du réalisme socialiste soviétique, dans le seul but de la réfuter. Rurikov reconnaît en Camus « un grand artiste », mais considère sa logique comme « fausse et préjudiciable » (p. 197). Dans son autre article, « [L'Homme — solitude et liberté : pages d'un journal littéraire] » ([*La Littérature étrangère*], n° 9, 1968), Rurikov dit que l'« attitude sociale de Camus ne facilitait pas ses contacts avec les lecteurs soviétiques » (p. 194). Mais, un quart de siècle après la parution de *L'Étranger* en France, dont la première traduction est publiée dans le même numéro du journal que l'article de Rurikov, notre critique constate que les lecteurs soviétiques s'intéressent quand même à l'œuvre de Camus. En expliquant le problème de Meursault — son indifférence et son aliénation de la vie —, Rurikov dit que, malgré « la fausse philosophie » de Camus qui « déforme la perception de la réalité », quelques faits réels trouvent quand même leur reflet quoique « inexact » dans son roman (p. 195). Meursault est caractérisé comme « une victime de la société bourgeoise, et, en même temps, il est l'instrument de la cruauté de cette société et de ses tendances destructrices ».

Les articles contenus dans [*Problèmes contemporains du réalisme et du modernisme*] (1965) avaient d'abord été présentés sous forme de rapports au mois de décembre 1964, à la conférence organisée par l'Institut de la littérature mondiale de Gorki et par l'Union des écrivains soviétiques. Le nom de Camus est mentionné, d'une façon assez sommaire, par plusieurs auteurs : par A.S. Miasnikov (« [Des fondements philosophiques du modernisme] »), par Yu. B. Borev (« [L'Existentialisme et sa philosophie de l'homme] ») qui analyse la situation de Cottard dans *La Peste* en l'associant à celle de Joseph K., héros kafkaïen, par S. Velikovski

(« [L'Aliénation et la littérature de l'Occident] ») et par Boris I. Bursov, auteur de plusieurs ouvrages sur Tolstoï et Dostoïevski. Ces deux articles seront examinés plus loin.

Plus intéressants et quelquefois plus objectifs sont les chapitres consacrés à Camus dans les livres de Gosenpoud, Dneprov et Motyleva. Dans le chapitre « Camus » du livre d'Abram A. Gosenpoud [*Les Voies et les carrefours : le drame anglais et français du* XXe *siècle*] (1967), les drames de Camus sont commentés pour la première fois non seulement du point de vue idéologique, mais aussi du point de vue littéraire. Malgré la préface, qui ne va pas au-delà des opinions-clichés sur la philosophie de l'absurde de Camus qui est considérée comme « profondément réactionnaire » et l'observation stupéfiante que Camus qui « participait à la lutte contre le fascisme allemand, confirmait l'absence du sens et de l'espoir de la lutte contre l'injustice » (p. 228), notre critique donne un compte rendu compréhensible des quatre pièces. La revue assez détaillée des pièces *Caligula, Le Malentendu, L'État de siège* et *Les Justes*, malgré quelques inexactitudes à relever, est d'autant plus importante que, jusqu'à présent, ces textes ne sont pas traduits en russe. Gosenpoud remarque que dans *Caligula* et *L'État de siège* Camus a montré que l'absence de la peur peut vaincre la tyrannie (p. 232) et le mal (p. 238). Toutefois, Gosenpoud critique *Les Justes*, méconnaissant la valeur éthique de la thèse principale de Camus, et voyant en elle « une tentation militante de rejeter la révolution » (p. 241).

Caligula est mentionné également dans l'étude de T. Batchelis sur « [Les Drames intellectuels de Sartre] » (publiée dans le recueil [*Le Drame contemporain à l'étranger*], 1962). Batchelis voit dans cette pièce un antécédent de « l'existentialisme "antique" antifasciste » (p. 152). Elle est sensible à la forme grotesque de la pièce et y voit les débuts du théâtre de l'humour tragique (p. 153).

Trois autres critiques — T. Motyleva, V. Dneprov et S. Velikovski — s'occupent beaucoup de littérature française et, notamment, de Camus. Les trois articles de Vladimir Dneprov ont été publiés par le journal [*La Littérature étrangère*] avant la parution de la première traduction en russe des œuvres de Camus. Le but de l'article « [L'Art classique est-il tombé en désuétude ?] » ([*La Littérature étrangère*], n° 2, 1965) est de relever le lien entre une œuvre littéraire et les théories philosophiques et psychologiques. Le sujet de cet article, riche en exemples pris dans la littérature moderne européenne, a été développé dans son livre [*Les Traits du roman du* XXe *siècle*] (1965), où plusieurs pages sont consacrées à Camus. Dneprov aussi range Camus parmi les existentialistes, et sa critique de la philosophie camusienne de l'absurde ne dévie pas de l'opinion déjà citée d'autres critiques soviétiques. L'indifférence de Meursault est considérée comme le résultat de la « décadence capitaliste » (p. 28). Le commentaire du *Discours de Suède* et du *Mythe de Sisyphe* ne nous apprend non plus rien de nouveau. Dneprov n'y cherche que des « contradictions stériles » (p. 294) et accuse Camus de « diluer le contenu social et politique dans l'eau de la métaphysique » (p. 296). Pour prouver que les existentialistes qui professent le désespoir tuent l'art classique et mènent à « la catastrophe mondiale historique » (p. 42), Dneprov compare le roman de Steinbeck, *Les Raisins de la colère*, considéré comme exemple du réalisme classique, à *La Peste* — exemple du modernisme. Dneprov use de cette comparaison pour illustrer les deux tendances de la littérature occidentale qui, à son avis, doit opter pour une issue sociale ou une issue apocalyptique. Dneprov glorifie le roman de Steinbeck parce qu'il donne sur le problème de la révolution, et dénonce *La Peste* parce que Camus y évite « les conclusions révolutionnaires » (p. 52) et méconnaît la valeur de la révolution sociale. Ici encore l'analyse de l'œuvre littéraire est remplacée par l'interprétation politique.

Dans l'article « [L'Homme mauvais et l'homme bon] » ([*La Littérature étrangère*], n° 7, 1968), Dneprov examine « Le Renégat » qu'il considère comme porteur du mal et donne

un compte rendu objectif du récit sans toutefois oublier de
reprocher à Camus son « ignorance » du fait que toute morale
est créée par « la nécessité sociale » (p. 204).

L'article « [Le Subjectif dans la morale] » ([*La Littérature étrangère*], n° 10, 1968) est presque entièrement consacré à Sartre et à Camus. Son propos est de montrer que
l'idée morale de l'artiste doit être vérifiée par ses liens avec
la vie réelle (p. 193). Dans ce but, Dneprov passe en revue
les œuvres des écrivains (dont Camus et Sartre) qui voient
« dans l'homme la source du bien et du mal ». La discussion,
assez favorable du reste, des œuvres telles *Lettres à un ami
allemand*, *Caligula*, *Le Malentendu* et *La Peste*, cherche à
prouver les inconséquences de l'attitude de Camus. L'article
contient mainte remarque pénétrante sur la force démorali-
sante du pouvoir absolu, mais notre critique n'applique ses
considérations qu'au fascisme et au capitalisme en expliquant
la dégradation morale de l'individu par les conditions politiques de ces deux systèmes. Il faut pourtant relever le fait
que Dneprov souligne l'importance de la valeur absolue trou-
vée par Camus — c'est la vie de l'homme, la nécessité de sau-
vegarder l'humanité et de lutter contre le mal, idée qui trouve
son incarnation dans *La Peste*. Malheureusement, vers la fin
de l'article, Dneprov s'élève contre Camus à cause de son
rejet du meurtre et de la violence : Dneprov approuve la
violence politique en se référant aux écrits de Lénine et à la
pratique de Dserjinski (pp. 206-7).

Tamara Motyleva, qui a publié plusieurs études sur l'œuvre de Romain Rolland et de Roger Martin du Gard, ne mentionne Camus dans son recueil d'articles, écrits entre 1956
et 1961, [*La Littérature étrangère et l'époque contemporaine*]
(1961), que comme l'auteur de la préface des Œuvres Complètes de Martin du Gard (1955). Elle cite quelques phrases
du passage où Camus compare l'art de Martin du Gard à
celui de Léon Tolstoï pour reprocher à Camus d'avoir méconnu
le réalisme de Tolstoï (pp. 141-2). Dans le livre [*Le Roman
étranger aujourd'hui*] (1966) un paragraphe est intitulé

« Albert Camus et son idée du roman » (pp. 120—43). Le but de l'analyse est de prouver que « Camus-artiste, comme Camus-philosophe, soumet son œuvre à un schéma pessimiste et anti-historique » (p. 121). Motyleva révèle des contradictions dans *L'Homme révolté* et dans l'attitude de Camus envers l'art du roman et constate que « l'œuvre artistique de Camus est plus riche, plus complexe que ses théories littéraires » (p. 126). Motyleva rejette l'identification de l'auteur avec Meursault ; elle donne un compte rendu objectif de *L'Étranger*, de *Caligula* (qu'elle a vu en 1961 présenté sur la scène du Burg-Theater à Vienne [p. 130]), de *La Peste* et de *La Chute*. Elle utilise aussi les *Carnets* de Camus. Toutefois, malgré plusieurs observations intéressantes, elle ne se départit pas du schéma préconçu des critiques soviétiques : elle ne voit dans les œuvres examinées qu'une « confusion des critères moraux » (p. 130). Tout en admettant que « le pathétique de l'action héroïque est bien rendu dans *La Peste* » (p. 137), elle méconnaît le sens du roman en prétendant que « le pathétique de la solidarité, de l'union des hommes pour une cause commune est absent du roman » (p. 137). Le bref examen de *La Chute* ne sert qu'à formuler l'opinion que la philosophie décadente « triomphe maintenant dans cette œuvre » (p. 140). On voit bien qu'ici, comme dans les études examinées plus haut, l'idée camusienne de la solidarité et de la fraternité, son amour de la vie sont complètement passés sous silence.

Dans le recueil dont nous avons déjà parlé ([*La Littérature étrangère et l'époque contemporaine*], 1961), Motyleva consacre un long article à l'examen du problème « [Dostoïevski et la littérature mondiale] » (pp. 212—74). Il est surprenant que dans cette étude, riche en comparaisons, le nom de Camus n'est même pas mentionné, alors que deux pages sont consacrées à l'affinité de François Mauriac avec l'écrivain russe. Dans son livre récent ([*Résultats du réalisme contemporain*], 1973) qui comprend quatre études, Motyleva reprend le sujet et parle de « la signification mondiale de Dostoïevski » (pp. 223—378). Cette étude présente une version augmentée de l'article mentionné plus haut. Motyleva concentre maintenant son attention sur les affinités avec Dostoïevski qu'elle trouve dans beaucoup d'œuvres d'écrivains du XXᵉ siècle. À côté du recensement d'une grande quantité de livres et d'articles sur Dostoïevski, écrits par les critiques occidentaux dans les années 1960—1970, Motyleva examine la question « des héritiers » de Dostoïevski (pp. 315—29) et parle des analogies que les critiques étrangers trouvent entre l'œuvre de Kafka, Sartre et Camus, d'une part, et celle de Dostoïevski, de l'autre. Motyleva rejette ce qu'elle appelle les efforts des critiques étrangers, « pour ranger Dostoïevski, non seulement en tant que penseur, mais aussi en tant qu'artiste, dans la lignée moderniste ou existentialiste » (p. 315), en citant, entre autres, l'article de Nathalie Sarraute. Tout en reléguant toute la richesse des idées de Camus au rang de « défauts de sa philosophie », Motyleva note plusieurs références à Dostoïevski dans *L'Homme révolté* et *Le Mythe de Sisyphe*. Parlant des affinités qui existent entre *La Chute* et *Mémoires écrits dans un souterrain*, notre critique se réfère aux études de Ernest Sturm (*Conscience et impuissance chez Dostoïevski et Camus*) et de Tamara Zalite (*Comic masks of alienated man*, Riga, 1970) au lieu d'analyser elle-même ces affinités. Vers la fin de son commentaire, Motyleva critique l'adaptation des *Possédés*, n'y voyant qu'un « effort pour utiliser le roman *Les Démons* au théâtre dans l'intérêt des forces antirévolutionnaires » (p. 328).

Les deux articles de A.N. Latynina ont aussi pour sujet le problème de l'affinité entre Dostoïevski et les idées existentialistes et, partiellement, celles de Camus. L'article « [La Notion existentialiste de l'homme et le problème des relations entre l'individu et la société chez Dostoïevski] » ([*Les Nouvelles de l'Université de Moscou*], section Philosophie, nᵒ 2, 1969, pp. 67—76) témoigne de l'érudition de l'auteur : mais elle cite les ouvrages de W. Hubben, W. Kaufmann, W. Barrett, E. Breis, R. Harper, H.E. Barbes et autres dans le seul but de rejeter tout lien qui puisse exister entre Dostoïevski et les penseurs dits existentialistes, comme Kierkegaard, Nietzsche, Heidegger, Berdiaev, Chestov, Sartre et Camus. Cependant, en comparant *L'Étranger* au roman de Dostoïevski *Crime et châtiment*, elle accepte « la coïncidence des situations initiales » (p. 70), mais souligne surtout les différences entre les personnalités de Meursault et de Raskolnikov et leur action criminelle. Pourtant, après quelques remarques intéressantes, Latynina dénonce, sans beaucoup de conséquence, l'idée de la liberté chez Camus qui est, ici, identifié à son personnage Meursault. Un autre article de A. Latynina, « [Dostoïevski et l'existentialisme] », publié dans le recueil [*Dostoïevski — l'artiste et le penseur*] (1972, pp. 210—59) à l'occasion du 150ᵉ anniversaire de l'écrivain, est une version développée de l'article prédédent, mais ne contient rien de nouveau.

Boris Bursov dans son étude « [Dostoïevski et le modernisme] » (dans le recueil cité [*Problèmes contemporains du réalisme et du modernisme*]) constate que « Camus a choisi Dostoïevski pour maître » (p. 492), mais ne développe pas le parallèle suggéré. (Le même article a déjà été publié par le journal *Zvesda* ([*Étoile*]) de Léningrad [n° 8, 1965, pp. 175—92].)

Ya. Elsberg aborde le même problème d'une façon beaucoup plus négative. Dans l'article « [L'Interprétation bourgeoise contemporaine de l'œuvre de Dostoïevski et la lutte idéologique] » (publié dans [*La Lutte idéologique dans la littérature et l'esthétique*], 1972), Elsberg proteste contre « l'interprétation existentialiste » de Dostoïevski qu'il trouve dans les livres de Rosanov, Berdiaev et Camus. Il est d'avis que la comparaison entre le héros de *La Chute* et celui des *Mémoires écrits dans un souterrain*, faite par E. Sturm, « obscurcit le réalisme profond de l'œuvre de Dostoïevski » (p. 324).

Beaucoup plus indépendante et intéressante est l'étude de S.G. Semenova « [*L'Étranger* d'Albert Camus et son œuvre de jeunesse] » (dans [*Les Nouvelles de l'Académie des Sciences de l'U.R.S.S.*], section Littérature et Langue, n° 5, 1975, vol. XXXII, pp. 419—28), dans laquelle on trouve enfin une analyse objective des rapports qui existent entre *L'Étranger* et les essais de *Noces*. Semenova cite beaucoup ce recueil, surtout l'essai « L'Été à Alger », et compare l'ambiance de ces essais à celle de la première partie de *L'Étranger* (pp. 420-1). Elle explique l'indifférence de Meursault devant la mort de sa mère par le fait que « le sentiment de la mort est le plus repoussant » chez les Algériens (p. 423). Plusieurs pages sont consacrées à la comparaison entre *L'Étranger* et *La Mort heureuse*. Semenova conclut que le personnage de Meursault ne peut pas être expliqué seulement par *Le Mythe de Sisyphe* : elle le considère comme « le représentant typique d'un peuple païen idéalisé, né de la mer et du soleil » (p. 428). Cet article est d'autant plus valable que Semenova fonde son analyse sur le texte original de Camus et non sur l'exposé trouvé chez d'autres critiques, comme tel était parfois le cas.

Enfin, comme l'a dit Voltaire, « on rend quelquefois justice bien tard ». En 1973 paraît le livre de Samari Velikovski [*Les Facettes de la conscience malheureuse*] qui mérite un examen plus détaillé. Avant ce livre, Velikovski avait déjà publié des articles sur Camus : « [A. Camus devant le jugement de l'histoire] » (dans le recueil [*De L'Esthétique bourgeoise contemporaine*], 1965) et « ["L'Aliénation" de la littérature de l'Occident] » (dans le recueil [*Problèmes contemporains du réalisme et du modernisme*], 1965). Dans son livre sur Camus, le théâtre, les récits, les romans et les essais philosophiques sont examinés systématiquement.

Le livre est divisé en onze chapitres dont le premier constitue une introduction intitulée « [À la jonction de la littérature et de la philosophie] ». Velikovski restitue la valeur des vues philosophiques d'un écrivain, ce qui a été considéré par les critiques soviétiques presque comme un défaut, mais qui est dans la tradition de la littérature française. Velikovski se propose d'examiner l'œuvre de Camus dans toute son intégrité, sans séparer Camus-artiste de Camus-penseur. Il est toutefois à regretter que la philosophie de l'existence de Camus ne soit pas considérée par le critique comme le résultat des conditions historiques de notre temps, mais comme un phénomène tributaire de la « crise de la civilisation bourgeoise à l'Occident » (p. 6). Il faut ajouter que Velikovski met l'accent sur les remarques faites par Camus lui-même : il ne s'est jamais pris pour un philosophe, se contentant d'être un « moraliste », et soulignait qu'il n'acceptait pas toutes les prémisses de l'existentialisme (p. 11). Cela ressort clairement de la lettre de Camus au Directeur de *La Nef*, tout en étant souvent méconnu par les critiques soviétiques.

Velikovski analyse les œuvres de Camus comme un triptyque, d'après le plan dressé par Camus dans ses *Carnets* en 1947 : « *Ire série. Absurde :* L'Étranger — Le Mythe de Sisyphe — Caligula *et* Le Malentendu. *2e — Révolte :* La Peste — [...] L'Homme révolté — *Kaliayev.* » (*C2*, 201). Comme la 3e série n'est pas encore précisée dans les *Carnets*, Velikovski range dans cette catégorie qu'il intitule « Exil » les œuvres des années 1950 : *La Chute* et *L'Exil et le royaume*, soulignant la coïncidence parfaite, chronologique et logique, de cette division (p. 27).

On trouve dans les premiers chapitres du livre une revue détaillée et systématique des œuvres de la 1re série, en commençant par *L'Envers et l'endroit* et *Noces* — œuvres qui restent en dehors du schéma tracé par Camus. Le genre spécifique de ces deux volumes est bien caractérisé comme étant en même temps notes d'un voyageur, essais philosophiques et méditations lyriques (p. 28). Relevant la conscience de la mort et la présence de l'esprit du néant dans les essais comme « Le Vent à Djémila », Velikovski rapproche cette idée de celles d'André Malraux (p. 30-1). Caligula est comparé à Raskolnikov de Dostoïevski et considéré comme victime de sa passion de rester conséquent jusqu'à la fin (p. 36). Notre critique suit le développement psychologique de Caligula et de Meursault et examine la tragédie de leur conscience —

dans le premier cas de la conscience déchirée, dans le second de la conscience nulle — dans son évolution (p. 45). Toutefois, Velikovski se hâte de passer de l'analyse du texte à l'interprétation idéologique jugeant toujours Camus d'après les principes adoptés par la critique soviétique. Velikovski remarque que la source du désespoir de Meursault se trouve dans la révélation du fait que chacun doit mourir seul, mais refuse d'accepter l'importance universelle de ce fait et préfère réduire tout le problème aux défauts du système social et politique, dit bourgeois (p. 56).

Velikovski ne néglige pas l'analyse du style de Camus ; il fait ressortir les particularités de la technique de narration, notamment dans *L'Étranger*, et se sert du terme « degré zéro », lancé par Roland Barthes. On peut certes regretter le mélange de l'analyse littéraire du texte avec l'interprétation idéologique au cours de laquelle la riche complexité de *L'Étranger* est réduite au seul rejet de la raison par Meursault parce que l'explication rationnelle de la vie réelle se révèle hypocrite, selon Velikovski, et elle est utilisée par les idéologues à l'Occident pour cacher « le chaos de l'économie capitaliste » (p. 69).

Dans le chapitre sur *Le Mythe de Sisyphe*, Velikovski abandonne le ton doctrinaire des critiques soviétiques et fait valoir la signification du stoïcisme tragique de Camus dans les années 1940 (p. 79). Comme Velikovski s'est proposé de suivre la pensée de Camus dans son évolution, il constate un certain changement dans la conception de l'absurde dans les *Lettres à un ami allemand*. Suit l'analyse de la pièce *Le Malentendu* qui se fonde sur le texte camusien et me paraît être l'une des meilleures dans le livre recensé.

La discussion de *La Peste* occupe une place centrale dans le livre, et les plans métaphysique et allégorique du roman sont aussi pris en considération. Le critique examine les différents aspects de la métaphore « la peste » qu'il commente d'une façon fort intéressante. *Les Justes* et *L'État de siège* sont considérés comme preuve de la séparation de l'huma-

nisme moralisant de Camus de l'humanisme dit révolution-
naire (p. 149). Le compte rendu du contenu de la dernière
de ces deux pièces, donné par Velikovski, montre assez clairement que Camus satirise ici le régime totalitaire ; pourtant
notre critique insiste pour réduire le sens de cette pièce à la
satire d'un état fasciste. Toute association possible avec les
pratiques du gouvernement soviétique est écartée avec l'observation prudente que de tels phénomènes « ont été condamnés comme contrevenant à la loi socialiste » (p. 162). La pièce
Les Justes est examinée comme un débat entre morale et
politique ; et le problème central — le droit de tuer un
homme — est comparé à celui des pièces de Sartre *Les Mains
sales* et *Le Diable et le bon Dieu*.

Dans son examen de *La Chute*, Velikovski dépeint avec
beaucoup de pénétration l'état d'esprit de Clamence, mais
veut voir dans son monologue une confession voilée de
Camus, une sorte de « châtiment purificateur » (p. 199)
imposé par l'écrivain à lui-même. Le livre se termine sur un
examen bien documenté des idées de Camus sur l'art. De longues citations prises dans des essais critiques et dans le *Discours de Suède* offrent pour la première fois aux lecteurs
soviétiques l'occasion de se faire une idée de l'attitude esthétique de Camus.

Pour conclure, on dirait que le livre de Velikovski apporte
peu de neuf à la critique camusienne en tant que telle. Mais
il apprend beaucoup au lecteur occidental, de même que les
articles recensés plus haut, sur l'attitude de la critique soviétique envers Camus et, plus largement, envers les problèmes
qu'il pose dans son œuvre. Il faut remarquer que ce livre,
malgré ces déviations publicistes, prouve qu'un grand pas en
avant a été fait pendant ces dernières années. Quant aux lecteurs soviétiques, ils trouveront dans ce livre plusieurs aspects
de l'art et de la pensée de Camus qui leur étaient inconnus,
et il les aidera à porter leur propre jugement sur l'écrivain
qui a joué un si grand rôle dans la littérature française contemporaine. Il faut toutefois regretter l'absence d'une biblio-

graphie des ouvrages consultés par Velikovski. Son livre a trouvé un accueil très favorable dans l'article de Lev Filipov « [Dans le labyrinthe de l'histoire] » ([*Problèmes de la littérature*], Moscou, n° 3, 1974, pp. 279—85).

BIBLIOGRAPHIE

ANDREIEV, L.G., *Frantsouzskaia literatoura : 1917—1956*, Moskva, Izd. MGU, 1959.

BATCHELIS, T., « Intellektoual'nyie dramy Sartra », pp. 132—218 in *Sovremennaia zaroubejnaia drama*, Moskva, Izd. Akademii Naouk SSSR, 1962.

BOREV, Yu. B., « Ekzistentsializm i yego 'filisofiia tcheloveka », pp. 458—68 in *Sovremennyie problemy realizma i modernizma*. Moskva, Izd. « Naouka », 1965.

BOURSOV, Boris I., « Dostoievskii i modernizm », *Zvezda* [Leningrad], n° 8, 1965, pp. 175—92.

BOURSOV, Boris I., « Dostoievskii i modernizm », pp. 469—505 in *Sovremennyie problemy realizma i modernizma*, Moskva, Izd. « Naouka », 1965.

CAMUS, Albert, *Neznakomets* [*L'Étranger*], trad. par George Adamovitch, Paris, Éditions Victor, s.d.

CAMUS, Albert, « *Postoronnii* » [*L'Étranger*], trad. par Nora Gal', et « Gost' » [« L'Hôte »], trad. par Serguei Bobrov, *Inostrannaia literatoura* [Moscou], n° 9, 1968, pp. 117—63 et 163—72.

CAMUS, Albert, « Jena » [« La Femme adultère »] et « Nemyie » [« Les Muets »], trad. par R. Lintser, *Novyi Mir* [Moscou], n° 1, 1969, pp. 100—10 et 110—7.

CAMUS, Albert, « *Padeniie* » [*La Chute*], trad. par L. Grigorian. Poslesloviie « O povesti A. Kamu "Padeniie" » par Ilia Sats, *Novyi Mir*, n° 5, 1969, pp. 112—54 et 155-6.

CAMUS, Albert, *Izbrannoie* [*Œuvres choisies*], Moskva, Izd. « Progress », 1969, 544 p. (*L'Étranger* et *La Chute* trad. par N. Nemtchinova ; *La Peste* trad. par N. Jarkova ; « La Femme adultère » et « Retour à Tipasa » trad. par M. Zlobina ; « Les Muets », « Jonas », « Noces à Tipasa » et « Le Vent à Djémila » trad. par K. Naoumov).

CAMUS, Albert, William FAULKNER, « Rekviem po monakhine » (instsenirovka A. Kamu), *Inostrannaia literatoura*, n° 2, 1970, pp. 204—61.

CHKOUNAIEVA, I.D., *Sovremennaia frantsouzskaia literatoura*, Moskva, Izd. IMO, 1961.

DNEPROV, Vladimir D., « Oustarelo li klassitcheskoie iskousstvo ? (Iz opyta zapadnogo romana) », *Inostrannaia literatoura*, n° 2, 1965, pp. 149—71.

DNEPROV, Vladimir D., *Tcherty romana XX veka*, Moskva—Leningrad, Izd. « Sovetskii pisatel' », 1965, 548 p.

DNEPROV, Vladimir D., « Zloi tchelovek i dobryi tchelovek (Iz opyta sovremennogo zapadnogo romana) », *Inostrannaia literatoura*, n° 7, 1968, pp. 195—211.

DNEPROV, Vladimir D., « Soubiektivnoie v morali », *Inostrannaia literatoura*, n° 10, 1968, pp. 193—210.

ELSBERG, Ya., « Sovremennyie bourjouaznyie kontseptsii tvortchestva Dostoievskogo i ideologuitcheskaia bor'ba », pp. 306—33 in *Ideologuitcheskaia bor'ba v literatoure i estetike*, Moskva, Izd. « Khoudojestvennaia literatoura », 1972.

EVNINA, Elena M., *Sovremennyi frantsouzskii roman 1940—1960*, Moskva, Izd. « Iskousstvo », 1960.

FILIPOV, Lev., « V labirinte istorii », *Voprosy literatoury* [Moscou], n° 3, 1974, pp. 279—85.

GOZENPOUD, Abram A., *Pouti i perepoutia : Angliiskaia i frantsouzskaia dramatourguiia XX veka*, Moskva, Izd. « Iskousstvo », 1967, 328 p. (Chapitre « Kamu », pp. 228—41).

KARPOUCHIN, V.A., « Kontseptsiia litchnosti ou Albera Kamu », *Voprosy filisofii*, n° 2, 1967, pp. 128—36.

KOUZNETSOV, V.N., « Esteticheskiie vzgliady frantsouzskikh ekzistentsialistov », pp. 60—210 in *Protiv sovremennoi bourjouaznoi etiki*, Moskva, Izd. « Naouka », 1965.

LATYNINA, A.N., « Ekzistentsialistskaia kontseptsiia tcheloveka i problema otnocheniia litchnosti i obchtchestva ou Dostoievskogo », *Vestnik Moskovskogo Oouniversiteta : Filosofiia*, n° 2, 1969, pp. 67—76.

LATYNINA, A.N., « Dostoievskii i ekzistentsializm », pp. 210—59 in *Dostoievskii khoudojnik i myslitel*, Moskva, Izd. « Khoudojestvennaia literatoura », 1972.

MIASNIKOV, A.S., « O filosofskikh osnovakh modernizma », pp. 385—413 in *Sovremennyie problemy realizma i modernizma*, Moskva, Izd. « Naouka », 1965.

MOTYLEVA, Tamara L., « Dostoievskii i mirovaia literatoura », pp. 212—74 in *Inostrannaia literatoura i sovremennost'*, Moskva, Izd. « Sovietskii pisatel' », 1961.

MOTYLEVA, Tamara L., « Alber Kamu i ego kontseptsiia romana », pp. 120—43 in *Zaroubejnyi roman segodnia*, Moskva, Izd. « Sovietskii pisatel' », 1966.

MOTYLEVA, Tamara L., « O mirovom znatchenii Dostoievskogo », pp. 223—375 in *Dostoianie sovremennogo realizma*, Moskva, Izd. « Sovietskii pisatel' », 1973.

RURIKOV, Boris S., « Aktivnost' iskousstva », *Inostrannaia literatoura*, n° 2, 1968, pp. 186—202.

RURIKOV, Boris S., « Tchelovek — odinotchestvo i svoboda », *Inostrannaia literatoura*, n° 9, 1968, pp. 189—97.

SEMENOVA, S.G., « Povest' A. Kamu "Postoronnii" i ranneie tvortchestvo pisatelia », *Izvestiia Akademii naouk SSSR. Seriia iazyka i literatoury* [Moscou], n° 5, t. XXXII, pp. 419—29.

SOLOVIEV, E. Yu., « Ekzistentsializm », *Voprosy filosofii*, n° 1, 1967, pp. 126—39.

VELIKOVSKII, Samarii I., « "Ottchoujdenie" i literatoura Zapada » pp. 522—35 in *Sovremennyie problemy realizma i modernizma*, Moskva, Izd. « Naouka », 1965.

VELIKOVSKII, Samarii I., *Grani nestchastnogo soznaniia : teatr, proza, filosofskaia estetika Albera Kamu*, Moskva, Izd. « Iskousstvo », 1973, 239 p.

RECENSEMENT ET RECENSION DES ARTICLES

par Bruno VERCIER, Brian T. FITCH et Raymond GAY-CROSIER

I. ÉTUDES STYLISTIQUES

Dans les deux articles de W. Geerts, « Discussion »[1] et « La Lecture comme performance : psycholinguistique et communication littéraire »[2], l'œuvre de Camus n'est envisagée qu'à titre d'exemple, tout comme celle de Gide ; le second est le développement et la théorisation des quelques remarques contenues dans le premier. Il ne peut être question de reprendre ici la théorie sémiotique qui sous-tend cette réflexion, laquelle se présente comme une série de propositions, d'hypothèses, de directions de recherche, fort stimulantes d'ailleurs, à partir des ouvrages théoriques d'Umberto Eco.

Pour rester dans le cadre de la Série *Albert Camus*, nous noterons seulement que cette réflexion s'articule au départ sur le problème des lectures de *L'Étranger* : critique des critiques plutôt que critique de l'œuvre donc. W. Geerts note, sur un point précis — l'association, dans la scène du meurtre, du soleil et de l'Arabe —, la convergence des différents critiques (Barthes, Castex, Fitch, Costes, Mailhot). Il constate une convergence tout aussi remarquable dans l'aveuglement de ces critiques dont aucun ne songe à rapprocher, à l'appui

de son interprétation, deux passages pourtant peu éloignés :
pages 1165 et 1166 de l'édition de la Pléiade.

À partir de ces remarques, W. Geerts pose les bases d'une
théorie de la lecture comme mémoire et du champ possible
des interprétations dans leur rapport avec le donné du texte.
Nous ne discuterons pas ces théories. Nous nous conten-
terons de poser une question à W. Geerts : pourquoi postuler
« l'aveuglement » de tous ces critiques ? Fallait-il vraiment
s'attarder sur un rapprochement aussi évident, inévitable,
indispensable, à toutes ces interprétations ? Est-il besoin de
mettre en branle toute la psychocritique et toute la psycholinguistique pour mettre en rapport ces deux phrases ? La
sémiotique se veut scientifique — doit-elle pour autant dénier
toute vertu à l'intuition et à la discrétion ?

Il convient de situer dès l'abord l'article de M. Maillard,
« Anaphores et cataphores »[3] : il a paru dans le numéro de
Communications intitulé « Le Texte de la théorie à la recherche » qui rassemblait, sous la houlette de Roland Barthes, des
travaux de jeunes chercheurs. Fragments de recherches en
cours, ces articles sont pour la plupart davantage des présen-
tations de travail ou de problématique que des synthèses
achevées. Le travail de M. Maillard est ainsi une sorte d'explication de texte du début de *La Chute*, limitée au strict point
de vue de la recherche et de la théorisation du problème de
l'anaphore et de la cataphore. La théorisation effectuée à
partir de ce début est ensuite appliquée à l'ensemble du
texte : le type de narration propre à *La Chute*, avec les
retards plus ou moins longs apportés à l'identification du
Narrateur et de son interlocuteur, implique une utilisation
bien particulière de ces figures, considérées à la fois au
niveau de la phrase et au niveau du récit tout entier, au
niveau sémantique et au niveau métalinguistique.

Cette « étude sémiologique » du phénomène anaphorique
débouche sur une conclusion rapide d'intérêt plus général :
malgré certaines audaces de présentation, *La Chute* est clas-
sée parmi les « textes lisibles ». On voit, dans le recours à

cette catégorie, l'écho du passage, dans la réflexion de Roland Barthes, du texte sur « L'Analyse structurale des récits », qui inspire la plus grande partie de cette étude, à *S/Z* où intervient l'opposition lisible/scriptible. Malgré la rapidité de cette conclusion, on trouvera dans cette étude bien des indications très justes et très précises sur des points particuliers d'analyse du texte de Camus — comme de tout texte littéraire.

B. V.

NOTES

1. *Revue romane*, t. VIII, fasc. 1, 1973, pp. 406-7.

2. In *Actes du Iᵉʳ Congrès de l'A.I.S.S.*, Mouton.

3. *Communications*, nº 19, 1972, pp. 93—104.

II. Romans, nouvelles, études esthétiques

Accueillons, d'abord, l'un des premiers travaux à être consacré à *La Mort heureuse*. Dans « Éros et cosmos dans *La Mort heureuse* de Camus »[1], René Andrianne nous donne une analyse textuelle de trois courts extraits de cet ouvrage camusien posthume (*CAC1*, 145, 148 et 192-3) qui « *voudrait trouver dans le seul discours les axes de cohérence indispensables au dévoilement du sens* » (p. 175). Il s'agit de « *la superposition, [de] la comparaison, et [de] l'observation des chaînes associatives* », lesquelles « *constituent les moyens privilégiés d'atteindre le fantasme* », selon la définition que donnent de ce terme Laplanche et Pontalis. D'où sera dégagée « *une trame cohérente de fantasmes* » nés d'une « *activité transformatrice d'un matériau puisé dans l'expérience sensorielle et orientée par l'activité pulsionnelle du sujet* » et « *déterminés par la pulsion mais* informés *par le verbe* ». C'est donc « *la forme discursive* » (p. 176) des fantasmes qui intéresse ce critique plutôt que les « *structures fantasmiques typiques et universelles : scène primitive, vie intra-utérine, castration, etc.* », qu'« *ils occultent* ». De ces trois analyses, il ressort, par exemple, que « *le baiser (MH, 145) est cosmicisé et la nage (MH, 192-3) érotisée* » (p. 178) et que « *baiser cosmique et nage érotique ne sont que deux variantes d'un acte unitif d'ordre sacré, l'étreinte, où la femme et l'eau médiatisent un acte de connaissance exprimé sensoriellement* » (p. 179). Après avoir fait remarquer « *le parallélisme entre la perception des éléments féminisés et le face-à-face avec la mère* » (p. 185) évoqué dans *L'Envers et l'endroit*, Andrianne prétend que « *le secret qu'il faut forcer est un silence enfermé dans une bouche muette* » (cf. *MH*, 145) et que « *c'est le silence d'une femme, de la nuit, du ciel nocturne et de l'eau* ». Par conséquent, « *l'étreinte, si elle est la structure [de deux de ces trois textes], n'est qu'un fantasme substitutif* » qui pourrait bien révéler « *l'inconsciente justification de l'acte d'écrire chez Camus : trouver un langage pour parler à sa mère et lui arracher le secret de son mutisme* » (p. 185). Ce critique rejoint ainsi, comme il le fait remarquer, l'ouvrage d'Alain Costes (cf. *AC6*, 199—223) qui lui semble être « *plutôt une psychanalyse de Camus qu'une étude textuelle* » (p. 185, n. 16). L'intérêt principal de son travail est justement de montrer que « *l'analyse textuelle confirme* [...] *les résultats d'une étude exclusivement psychanalytique* » (p. 185).

Nous passons tout naturellement de *La Mort heureuse* à *L'Étranger* par l'intermédiaire d'une autre évocation d'Éros dans l'article de Patrick Brady intitulé « Manifestations of Eros and Thanatos in *L'Étranger* »[2]. Cette fois-ci, il ne s'agit pas d'analyse textuelle mais de la structure d'ensemble de l'ouvrage laquelle découle, pour ce critique, des trois [*sic*] morts : celle de la mère, celle de l'Arabe et « celle de Meursault lui-même qui clôt le roman » (p. 183). Contentons-nous de résumer l'argumentation assez rapide de cette analyse plutôt schématique du texte de Camus en en citant la conclusion :

On peut dire donc que Thanatos structure *L'Étranger* : mort de la Mère (celle qui a donné la vie doit succomber à la mort), de l'Autre (l'Arabe), et du Moi (ce qui implique la mort du discours). Mais le principe d'Éros se voit attribuer un rôle significatif : dans les rapports avec la Mère (premier objet d'amour), avec l'Autre (Marie), et avec le Moi (représenté par la nature par contraste avec la société et par le discours narcissique de la parole vide). Et surtout, des manifestations évidentes de Thanatos impliquent des manifestations cachées d'Éros, tel notamment le meurtre de l'Arabe, substitut de l'Autre qui est violé en même temps que le silence vierge de la plage ensoleillée.   [trad.] (p. 188)

Les auteurs de deux courtes notes dans la revue *Romance Notes* se penchent uniquement sur quelques phrases de *L'Étranger*. James Painter[3] s'interroge sur la manière dont il convient d'entendre l'observation de Meursault dans la salle d'audience à la suite de la lecture de sa condamnation à mort : « *Il m'a semblé alors reconnaître le sentiment que je lisais sur tous les visages. Je crois bien que c'était de la con-*

sidération. » (I, 1199). Il s'explique cette « *considération* » par
le fait que Meursault a été, dès son arrestation, participant
dans un rite (légal) où il a dû se montrer digne de remplir
le rôle de bouc émissaire « élu pour porter le fardeau de la
culpabilité de la communauté » (p. 27) et pour devenir ainsi
« sanctifié », bien que Meursault finisse par rejeter ce rôle et
par souhaiter que la « *considération* » (I, 1210) se transforme
en « *cris de haine* ». John E. Gale [4] s'interroge, pour sa part,
sur le « *Cela ne veut rien dire* » (I, 1125) avec lequel débute le
texte. Le rapprochement de cette phrase avec d'autres passages du roman où elle figure permet au critique d'y voir « la
réaction de Meursault devant le télégramme en tant que
représentation abstraite d'un événement auquel manque toute
preuve physique » (p. 32). Sans trouver quoi que ce soit à
redire devant cette lecture du texte, nous ne comprenons pas
pourquoi Gale s'attendait à ce que nous options (dans nos
écrits sur ce livre) pour l'une ou l'autre « interprétation » de
cette phrase (cf. p. 29), puisque l'essentiel réside, pour le lecteur, dans son ambiguïté même, ambiguïté qu'il convient donc
pour le critique de ne pas résoudre mais de respecter en en
analysant le rôle et les effets dans le texte, toute « interprétation » étant, en dernière analyse, aussi gratuite que
superflue.

Dans son article « Meursault as antithesis of "Homo
Ludens" from J. Huizinga to Eric Berne » [5], Patrick Henry
commence par évoquer l'article de Jerry L. Curtis [6] dont il
a été rendu compte ici même (*AC6*, 170-1). Contrairement à
celui-ci, il ne se donne pas pour tâche d'énumérer les jeux
que refuse Meursault mais cherche plutôt à examiner la forme
prise par le thème de jouer un jeu et sa fonction dans la
structure narrative de *L'Étranger* en se limitant au jeu légal
que figure le procès. Pour ce faire, il recourt aux ouvrages de
J. Huizinga (*Homo Ludens : a study of the play-element in
culture*) et de Eric Berne (*Games people play*). La pertinence
du rapprochement entre les rites du système judiciaire et
un jeu s'illustre d'une manière tout à fait convaincante en

s'appuyant sur le texte du roman (bien que ce rapprochement n'ait guère besoin d'une œuvre de fiction pour se fonder) mais la discussion à laquelle il donne lieu ici nous semble apporter peu de neuf à notre appréciation du roman et sa conclusion que « le thème du jeu contribue au thème plus général de l'absurdité sociale en juxtaposant une société qui s'adonne aux jeux à un protagoniste qui refuse tout jeu social » (p. 374) ne fait que répéter ce qui a déjà été dit et redit par maint autre critique.

John E. Gale[7] n'est pas le premier critique[8] à examiner de près la traduction anglaise de *L'Étranger* due à Stuart Gilbert ni à prononcer, à son égard, un jugement plutôt défavorable. Étant donné qu'une grande proportion des lecteurs de ce roman (et un certain nombre de ses critiques, ne l'oublions pas !) ne le connaît que sous cette forme, la nécessité de faire subir aux traductions un examen des plus attentifs est évidente. Il n'est pas sans importance, par exemple, que la traduction a été faite à partir de la première édition du roman et n'a jamais été revue à la lumière des révisions que lui a apportées par la suite son auteur (p. 141) ! D'où surtout la présence dans la traduction de certaines figures poétiques absentes du texte de la Pléiade. Souvent « le traducteur a fait tout pour éviter les pièges d'une traduction littérale, bien qu'ironiquement une telle traduction eût été supérieure » (p. 143). Notons aussi la transformation par Gilbert du discours indirect en discours direct (p. 147), ce qui devient d'autant plus grave que cet autre trait stylistique essentiel de l'original qu'est la distinction entre passé composé et passé simple est impossible à rendre en anglais (p. 146).

Dans son livre *From Sartre to the New Novel*[9], Betty T. Rahv consacre une quarantaine de pages aux « ambiguïtés » de *L'Étranger*. Elle cherche à faire ressortir la manière dont ce roman annonce « la restriction de la perspective narrative à une forme de monologue intérieur » et « la perspective narrative ambiguë » (p. 59) que cultive le Nouveau Roman. Dans ce but, elle examine surtout l'ambiguïté temporelle de la perspective narrative dans *L'Étranger* et notamment le va-et-vient entre le « moi-présent » et le « moi-passé » de Meursault. L'analyse qui en résulte est fort détaillée et tient compte, avec une quasi-exhaustivité fort louable, de l'apport considérable de la critique. Mais il nous semble qu'elle aurait pu être menée avec plus de concision car le résultat suggère qu'à l'origine de ce livre se trouve une thèse universitaire. N'empêche que ce chapitre de livre constitue une étude systématique et utile, sinon particulièrement originale, d'un aspect central du texte tout en faisant le point en ce qui concerne la critique.

Le seul travail sur *La Peste* dont nous avons à rendre compte cette année est l'un des plus utiles que nous connaissions. Il s'agit de l'article de Edwin Moses, « Functional complexity : the narrative techniques of *The Plague* » [10]. Ce critique fait remarquer, à juste titre, que contrairement au cas des autres écrits romanesques de Camus, la technique narrative de *La Peste* a reçu très peu d'attention critique. La raison en est, à notre avis, que devant l'apparente gratuité du procédé d'un narrateur qui ne révèle son identité de protagoniste dans l'histoire qu'à la fin du livre, les critiques ont été indécis quant à l'importance qu'il convenait d'accorder à la technique narrative du livre. Mais explication n'est pas justification. Et il est certain que la spécificité et l'originalité de cette technique exigent une analyse approfondie pour pouvoir en déterminer la fonction et le fonctionnement dans l'économie générale du texte. Moses commence par poser six questions qui lui semblent s'imposer dans ce domaine :
1) Quel avantage Camus obtient-il en recourant à un « je » qui n'a rien du narrateur inadéquat, du « *unreliable narrator* », lequel offrirait de multiples perspectives ironiques ?
2) « Même si l'on prend comme donnée la nécessité de faire narrer l'histoire par Rieux, pourquoi fallait-il recourir à la fiction que ce dernier est l'auteur réel du roman ? » (p. 420).
3) « Si Rieux doit en être l'auteur, pourquoi faut-il que sa présence d'auteur soit si "voyante" ? » (p. 420).

4) « Pourquoi faire prétendre à Rieux qu'il va être un rapporteur objectif tout en l'empêchant de l'être par la suite ? » (p. 421). Et il en va de même quant à son prétendu refus de toute recherche artistique.

5) « S'il est nécessaire de cacher l'identité du narrateur (sans doute pour le rendre plus représentatif [...]), pourquoi donc la cacher si mal ? » (p. 421).

6) Pourquoi utiliser Tarrou comme narrateur secondaire, puisque Rieux n'hésite pas à rapporter des épisodes et des dialogues auxquels il n'a pas pu assister ? (Nos propres réponses à ces questions se trouvent implicitement dans notre essai ailleurs dans ces pages.) Le lecteur se rendra compte par notre présentation de ce travail que, pour nous-même, les problèmes que soulève Moses importent plus, en dernière analyse, que les réponses qu'il y apporte. Celles-ci font néanmoins preuve d'une finesse et d'une subtilité certaines. Ce critique a surtout fourni des bases solides pour que l'analyse de la technique narrative de *La Peste* puisse être poursuivie plus fructueusement et plus rigoureusement que par le passé.

L'article de Jerry L. Curtis sur *La Chute*, « Camus' Hero of many faces » [11], prétend constituer le premier effort, de la part de la critique, pour rassembler les divers traits, « apparemment dissemblables » (p. 88), de Clamence pour en faire un portrait cohérent. En fait, il ne fait que raconter le récit de Clamence (en esquissant quelques rapprochements entre *La Chute* et d'autres ouvrages, notamment de Dante et de Sartre) sans ajouter quoi que ce soit à notre compréhension du personnage.

Le travail de Terry Keefe est d'une tout autre envergure. Son titre « Camus' *La Chute* : some outstanding problems of interpretation concerning Clamence's past » [12] résume bien l'essentiel de son propos. Sa fonction, pour la critique camusienne, est essentiellement analogue à l'essai de Edwin Moses sur *La Peste*. Keefe estime, à juste titre, que la critique a accordé trop d'attention à la question des « sources » et des

aspects autobiographiques de *La Chute* à l'exclusion d'une
analyse plus compréhensive du livre qui, pour ce critique,
doit aborder, entre autres choses, le problème de la chronologie des événements de la vie passée de Clamence. Nettement plus long et plus détaillé que l'essai de Moses, celui de
Keefe nous paraît pourtant être d'un intérêt moindre surtout
parce que nous restons, à la fin de ces pages, peu enclins à
accorder à cet aspect du livre une importance centrale, telle
celle dont jouit la perspective narrative de *La Peste*. Ce critique prend comme fondement de son analyse trois échelles
temporelles :
1) l'ordre dans lequel Clamence *raconte* les événements de
son passé ;
2) l'ordre dans lequel, selon Clamence, ces événements
avaient eu lieu ;
3) l'ordre dans lequel il *s'est souvenu* des événements qu'il
avait oubliés. Et l'importance attribuée au thème de la
mémoire, comme l'indique la troisième échelle, confère déjà
à ce travail une originalité certaine. Il parvient à cerner un
certain nombre de « problèmes » de chronologie restés jusqu'ici inaperçus. En ce qui concerne l'échelle 2, où se situe
précisément l'épisode nord-africain, avant ou après sa car-
rière d'avocat, par exemple ? Quant à l'échelle 3, quand précisément Clamence s'est-il souvenu de l'incident de la femme
sur le pont ? Et l'épisode nord-africain figure-t-il ou non parmi
les événements que Clamence avait oubliés et dont il s'est
rappelé ? La discussion de ces questions est menée avec minu-
tie et rigueur sous tous les angles. Elle constitue une contribution de poids à une étude plus approfondie de *La Chute*
que nous attendons depuis trop longtemps.

Les deux articles sur *L'Exil et le royaume*, en revanche
sont d'un intérêt bien moindre. « Une Lecture du *Renégat* »
de Marguerite Nicod-Saraiva [13], malgré son titre, est plutôt
un essai pour situer cette « *histoire extravagante d'un homme
bête et fou placé dans un milieu qui défie toute vraisemblance* » (p. 77), histoire qui « *choque d'abord, tant* [elle] *dif-*

fère des autres œuvres » (p. 77), précisément dans le contexte de ces autres œuvres, y compris les *Carnets*. Ce bref essai ne peut que servir d'introduction générale à la nouvelle en question. Bien que plus étoffé, l'article de Laura G. Durand, « Thematic counterpoint in *L'Exil et le royaume* »[14], n'est guère plus original. Son auteur se contente de répertorier les deux thèmes de l'exil et du royaume tels qu'elle les voit répartis parmi les différentes nouvelles : « Dans chaque nouvelle un protagoniste exemplifie la condition soit de l'exil soit du royaume et incarne l'un des aspects de l'un des concepts clés. » (p. 1110). Quant au sens de chacun de ces concepts, « "l'exil" signifie un état d'esprit et une émotion caractérisés par "l'absence du bonheur, la solitude, le silence", tandis que "le royaume" a à peu près les sens opposés de "la réalisation de soi, la participation, la communion" » (p. 1110). Il est dommage que ce critique n'ait sans doute pas pu consulter à temps les travaux de Peter Cryle et de Owen J. Miller, parus ici même (*AC6*, 7—50), sur la conception d'ensemble de ce recueil de nouvelles, ce qui lui aurait permis d'approfondir son travail.

B.T. F.

NOTES

1. *Revue romane*, t. IX, n° 2, 1974, pp. 175—87.

2. *Twentieth Century Literature*, vol. 20, no. 3, July 1974, pp. 183—8. Nous traduisons de l'anglais, comme pour tous les travaux en anglais.

3. « Remarks on a phrase in Camus' *L'Étranger* », *Romance Notes*, vol. XVI, no. 1, Autumn 1974, pp. 25—32.

4. « Meursault's telegram », *Ibid.*, pp. 29—32.

5. *Kentucky Romance Quarterly*, vol. XXI, no. 3, 1974, pp. 365—74.

6. « Camus's outsider : or, the games people play », *Studies in Short Fiction*, vol. IX, no. 4, Fall 1972, pp. 379—86 (cf. *AC6*, 170-1).

7. « Does America know *The Stranger?* A reappraisal of a translation », *Modern Fiction Studies*, vol. 20, no. 2, Summer 1974, pp. 139—47.

8. Voir, par exemple, Helen SEBBA, « Stuart Gilbert's Meursault : a strange "stranger" », *Contemporary Literature*, vol. 13, no. 3, Summer 1972, pp. 334—40 (Cf. *AC6*, 173).

9. Voir pp. 59—97 in *From Sartre to the New Novel*, Port Washington, New York—London, Kennikat Press, 1974, 177 p.

10. *Modern Fiction Studies*, vol. 20, no. 3, Autumn 1974, pp. 419—29.

11. *Studies in the Novel*, vol. 6, no. 1, Spring 1974, pp. 88—97.

12. *The Modern Language Review*, vol. 69, no. 3, July 1974, pp. 541—55.

13. *Études de Lettres* (Faculté des Lettres de l'Université de Lausanne), série III, t. 6, n° 2, avril—juin 1973, pp. 75—80.

14. *The French Review*, vol. XLVII, no. 6, May 1974, pp. 1110—22.

III. Théâtre, études comparatives et philosophiques, varia

À en croire certains critiques, le théâtre camusien serait non seulement désuet sur le plan dramatique mais aussi sur celui des idées qu'il préconise. Or s'il est vrai que, depuis leur parution, les pièces et adaptations ont été plus souvent commentées que jouées, il est également loisible de noter qu'il n'y a guère de saison théâtrale pendant laquelle elles ne suscitent pas l'intérêt d'une poignée de metteurs en scène. Pour modeste qu'elle soit par rapport à certaines pièces vedettes du théâtre dit « absurde », l'actualité de *Caligula*, du *Malentendu* (ce qui est plutôt surprenant), des *Justes*, de *Requiem* et des *Possédés* n'est pas négligeable. Ainsi pourra-t-on relever pour 1973 et 1974 les représentations suivantes : *Caligula* (qui demeure la pièce la plus jouée), le 6 novembre 1973 au premier programme de la Radio Suisse romande ; *Le Malentendu* au théâtre Les Trois Coups à Lausanne, en janvier 1974 ; *Les Justes* au Théâtre Montansier de Versailles, février 1974 ; *Les Possédés* au Théâtre Jean-Vilar du Centre National du Limousin à Suresnes, en février-mars 1974. Inutile de dire que cette liste n'est pas complète.

Dans le domaine de la critique littéraire, signalons d'abord le portrait équilibré que B.G. Garnham brosse de Camus théoricien et praticien des tréteaux paru dans une récente anthologie d'études théâtrales [1]. La production dramatique camusienne y est vue sous l'angle d'un théâtre d'idées aux intentions moralisantes. Ces quelque quinze pages serviront surtout d'introduction au débutant soucieux de se familiariser avec les titres, dates de représentation, idées sousjacentes et lignes de force dramatiques des pièces et adaptations camusiennes. Relevons aussi l'utile confrontation du théâtre avec l'œuvre en prose.

Selon Ross Aden [2], le conflit tragique éclate pour le Tamburlaine de Marlowe et Caligula au moment où ces fous lucides dépassent leur limite humaine et, se mesurant avec les dieux, oppriment et humilient leur entourage selon leurs lois

capricieuses. Le fait qu'il n'y a pas de réponses à leurs questions existentielles et que les solutions proposées sont d'une
injustice flagrante constitue pour Marlowe comme pour
Camus la tragédie de l'absurde. Nourris de leur « sadisme
intellectuel » (p. 5), Caligula et Tamburlaine, dont la volonté
équivaut à un destin, se divinisent en vain, car en fin de
compte ils doivent se soumettre aux lois humaines que sont
la maladie et la solidarité.

Il n'est guère surprenant qu'une espèce de bilan des travaux sur *L'État de siège* vienne d'Allemagne où la pièce a eu
ses rares succès. Encore faut-il ajouter que l'essai de Heinz
Willi Wittschier[3] se limite à un recensement peu représentatif de travaux consacrés à *L'État de siège* et que les jugements favorables et défavorables ne sont pas aussi équilibrés
que notre auteur voudrait nous faire croire. Quant à la structure non traditionnelle et à l'influence d'Artaud, il n'est pas
loisible d'avancer qu'on n'a pas pris au sérieux, à ce propos,
les remarques de Camus (I [éd. 1965] 187 et 1730) puisque
ce genre d'investigation a été sinon mené à bien du moins
amorcé par nous-même[4]. Reprenant et commentant quelques passages clés du *Théâtre et son double*, Wittschier
insiste, à juste titre, sur les qualités théâtrales de la peste
qui met à nu « l'absurdité de la vie et du monde » (p. 142).
Les notions qu'Artaud associe à la cruauté (rigueur, détermination, soumission, nécessité, mort, méchanceté) sont celles
mêmes qui charpentent la structure de *L'État de siège*, la
cruauté étant de toutes manières « l'attribut le plus spécifique de la peste » (p. 143). Le mélange des genres qu'y pratique Camus se rapproche de la « création totale » revendiquée
par Artaud (*Le Théâtre et son double*, in *Œuvres complètes*,
t. IV [Gallimard, 1964], p. 110). Pour notre auteur, les thèmes,
les symboles et les représentations se parachèvent et se correspondent dans une unité qui est aussi bien extérieure
qu'intérieure (p. 148). Nous pourrons conclure que ce travail
apporte plutôt quelques amplifications que des nuances proprement dites.

Présentant les pièces comme des « fables de violence » (p. 28) et *L'Homme révolté* comme une théorie impraticable, Alfred Schwarz [5] s'évertue à fournir dans son sondage des limites de la violence un jugement plus nuancé du dilemme politique qui hante Camus. Ce faisant, notre auteur se fonde surtout sur une lecture des *Justes* dont il souligne judicieusement l'actualité. Le caractère inconciliable des alternatives se manifeste dans l'opposition classique de l'amour de la vie et de l'amour de la justice. L'épreuve enseignante de Kaliayev, héros modèle, de Dora et de Stepan est alors analysée à la lumière de quelques citations clés tirées de *L'Homme révolté*. Les proclamations des protagonistes sont placées dans la perspective de la dialectique des fins et des moyens. L'acte homicide de Kaliayev est attribuable autant à son amour de l'homme qu'à sa haine de l'injustice. Le travail de Schwarz souligne l'ambiguïté que comporte le message des *Justes*. L'absence de toute documentation expliquera pourquoi les nuances proposées ne sont pas aussi tangibles que notre auteur le pense.

Aux yeux de Roland Gaskell [6], il manque aux *Justes*, « dont l'action est plutôt morale que politique » (p. 33), le contexte social. Ce déficit serait caractéristique du théâtre contemporain qui hésiterait « de traiter la société comme une totalité » (p. 33).

La note de Ray Davison [7] répertorie les similarités frappantes entre le discours de Clamence (« *Puis-je, monsieur, vous proposer mes services, sans risquer d'être importun ?* », I [éd. 1965], 1475) et celui de Marmeladov dans *Crime et châtiment* (« *Oserais-je, monsieur, m'adresser à vous pour engager une conversation des plus convenables ?* » [*op. cit.*, trad. de D. Ergaz, *Journal de Raskolnikov, Carnets de Crime et châtiment, Souvenirs de la Maison des Morts* (Paris, Gallimard, 1950), p. 49]). L'analyse comparée du style des deux personnages révèle leur penchant commun pour la grandiloquence et la facilité vertigineuse avec laquelle ils enveloppent leur interlocuteur fictif ou réel d'un cocon verbal.

Signalons aussi, bien que tardivement, l'article de
Marianna C. Forde [8] qui compare *L'Étranger* au *Dernier jour
d'un condamné* de V. Hugo. Tant sur le plan des détails dramatiques que sur celui des thèmes, les ressemblances sont
trop flagrantes pour être éclipsées par quelques nuances de
ton et d'intention. Le travail de Mme Forde s'applique à n'exa-
gérer ni celles-ci ni celles-là tout en faisant remarquer que
l'ambiguïté de la fin de *L'Étranger* laisse ouverte la possibilité d'un sursis ou d'un nouveau procès alors que le héros
hugolien s'achemine irrémédiablement vers la guillotine.

D'un intérêt plutôt limité nous a semblé l'étude de Ruggero M. Ruggieri [9] qui tente de montrer que *Caligula* et *Le
Malentendu* se situent, malgré les réticences de leur auteur
par rapport au stoïcisme, dans la tradition des tragédies de
Sénèque. L'analyse comparée des deux pièces et de l'*Ecerinis*
de Mussato permet sans doute de constater quelques parallèles sur le plan des idées (refus, absence, silence, la vie
comme apprentissage de la mort) et du style (grandiloquence
baroque des personnages clefs). S'il est vrai que les pièces de
Camus comme celles de l'auteur de l'*Hercule furieux* se prê-
tent mieux à être lues qu'à être jouées — encore que dans
le cas de *Caligula* ce jugement ne soit guère vrai — et s'il est
également vrai que l'empereur romain manie et manipule les
hommes aussi habilement que la rhétorique, les arguments
avancés par Ruggieri ne prouvent pas plus qu'une ressemblance sinon fortuite du moins des plus répandues.

Dans son étude fouillée, Jacques Cabot [10] établit la chronologie des lectures que Camus fait de Simone Weil ce qui
l'amène à constater que la parenté spirituelle des deux auteurs
ne peut pas être fixée avant 1948 et n'a donc pas pu influer
sur *La Peste*. C'est en tant que lecteur chez Gallimard et
directeur de la série « Espoir » que Camus lit le manuscrit de
L'Enracinement que lui a communiqué Brice Parain à qui un
ami de la famille Weil l'avait envoyé. Patronné par Camus, ce
livre de S. Weil est publié en 1949. Dès 1950, selon une note
des *Carnets II* (p. 338), Camus va embrasser « *cette doctrine*

de l'impersonnalité de la personne humaine qui est au cœur de la pensée weilienne » (p. 385). Elle permettrait à Camus d'accéder à des valeurs supra-personnelles telles la beauté, la justice, la vérité. Soit. Mais force nous est d'admettre que l'indifférence et toute la gamme de ses modalités de même que les riches expériences personnelles entre 1936 et 1944 ont contribué, bien avant l'influence de S. Weil, à la formation des valeurs supra-personnelles. Cabot attribue au sens du sacré (qui se confond en fin de compte avec l'humain) le fait que « *Camus ne se soit pas dérobé explicitement à la clause surnaturelle qui couronne l'édifice doctrinal de Simone Weil* » (p. 387). Il discerne les répercussions que la lecture d'un article de S. Weil a pu avoir sur « Les Muets » dont il dégage les affinités thématiques avec *L'Attente de Dieu* (p. 388). « *Au-delà des oppositions de doctrine, c'est dans la consonance du tempérament qu'il faut rechercher la clef de la ressemblance entre Camus et Simone Weil.* » (p. 391). L'influence de la pensée weilienne se prolongerait aussi dans telle revendication de *L'Homme révolté* qui désire· restituer au travailleur la dignité du créateur. Ce très lisible article qui demeure, au-delà du constat d'affinités de tempérament, sujet à caution comme toutes les études d'influence se termine sur une anecdote selon laquelle Camus, lauréat du Prix Nobel, serait allé se recueillir quelques instants dans la chambre de S. Weil avant son départ pour Stockholm. Ajoutons enfin que les difficultés que Camus a eues avec la famille Weil n'y sont pas traitées.

Se fondant sur les travaux de J.J. Bachofen, L.H. Morgan et Erich Fromm, Pierre N. Van-Huy [11] résume la tradition du conflit des valeurs paternelles et maternelles qui caractérise l'œuvre camusienne. Bachofen retrace le remplacement de la société matriarcale originelle par la société patriarcale, substitution qui entraîna, dans le domaine religieux, la suprématie des dieux sur les déesses et, dans le domaine social, l'abolition du principe d'égalité — dont jouissent tous les enfants de la Terre-Mère — par une hiérarchie autoritaire. Alors que

le système matriarcal est caractérisé par une espèce de natu-
risme, une indépendance qui peut aller jusqu'à la frénésie
dionysiaque, le système patriarcal est marqué par sa volonté
de puissance, un sur-moi autoritaire qui peut conduire le
sujet à un héroïsme pathétique désireux de plaire au père. Van-
Huy passe en revue les répercussions du conflit dans la mytho-
logie antique (l'Orestie, le mythe d'Œdipe, etc.) et constate
que la lutte des valeurs maternelles et paternelles ne représente, chez Camus, « *qu'une prolongation d'un conflit des
mêmes valeurs chez d'auteurs plus anciens* » (p. 10). En dépit
du titre, ce travail présente pour le camusien un intérêt plutôt
limité.

Il n'y a guère de critique philosophique qui n'ait pas
relevé la préférence de Camus pour la pensée présocratique.
Ainsi Robert S. Tate [12] place-t-il l'auteur de *L'Homme révolté*
dans la tradition d'Héraclite selon qui l'équilibre tendu entre
les forces opposées constitue le fondement de notre univers. Il appartient à Camus d'avoir appelé cet équilibre
« l'absurde ». Étudiant les premiers livres, Tate s'évertue à
démontrer que « Camus est à la fois un philosophe qui pleure
et un philosophe souriant » (p. 378). L'analyse de la conscience naissante dans les divers essais dont se composent
L'Envers et l'endroit et *Noces*, pour acceptable qu'elle soit en
tant que commentaire, n'apporte rien de nouveau aux études
camusiennes.

Poursuivant sa série d'articles fondée, en partie, sur une
thèse soutenue à l'Université de Washington et consacrée au
« [Héros absurde de Camus] », Jerry L. Curtis [13] propose une
dialectique des trois genres d'engagement héroïque : « la
thèse religieuse de Kierkegaard, l'antithèse esthétique de Sartre et la synthèse éthique de Camus » (p. 18). Il saute aux
yeux que les attributs librement associés aux philosophes
des auteurs cités réduisent celles-ci à une simplicité trom-
peuse sinon douteuse. Curtis examine l'absurdité du dilemme
d'Abraham forcé de suspendre l'ordre éthique qui lui interdit
l'infanticide en faveur de l'ordre religieux qui lui dicte la

mise à mort de son fils. Au saut religieux d'Abraham notre auteur oppose la décision de Roquentin de consigner ses expériences sous forme d'un roman, c'est-à-dire « le saut esthétique » que pratiquerait Sartre en tant qu'écrivain. Enfin, Sisyphe représenterait le héros moral par excellence. Est-il besoin de dire combien cette « dialectique » est artificielle et arbitraire ? La documentation de ce travail, pour ample qu'elle soit, ne sert qu'à corroborer l'opinion de l'auteur qui nous présente moins une analyse probante qu'un assemblage de commentaires ornés de citations.

Il est plutôt surprenant de voir associés les noms de Camus et Bernanos dont ni le tempérament ni le style ne semblent susceptibles de contenir des affinités flagrantes. Or Yvonne Guers-Villate [14] fonde sa comparaison des deux auteurs sur leur « intransigeance spirituelle [...] et angoisse pascalienne » (p. 189) communes. Si la rébellion des insoumis aboutit, chez Bernanos, à l'inexorable soumission à Dieu, la révolte est, pour celui-ci comme pour son confrère, une réaction spontanée face à l'injustice. L'étude de Mme Guers-Villate est surtout un recensement du dialogue de Paneloux et de Rieux assistant à l'agonie du petit Othon. Elle y oppose la scène centrale du *Journal d'un curé de campagne* dans laquelle le prêtre tente de récupérer la comtesse interdite par la mort de son fils. Dans les deux cas, il s'agit d'une révolte nourrie par la souffrance et l'amour. La foi de l'érudit Paneloux résiste moins aux assauts de la nature que celle, plus authentique, du curé de campagne capable d'humilité complète. Dire que chez Bernanos comme chez Camus « la tentation de l'absolu » (p. 196) constitue leur romantisme sous-jacent c'est ne pas assez tenir compte de l'importance croissante du relativisme qui marque l'évolution de la pensée camusienne (si évolution il y a). La modération et la mesure proclamées dans « la pensée de midi » reflètent moins la permanence de la soif d'absolu de Caligula qu'un relativisme passionné conscient de ses limites, une espèce de résignation lucide.

Ce sont les raisons psychologiques de l'indigence de la

pensée politique camusienne qui se trouvent au centre d'un essai de Hans Mayer [15]. Celui-ci insiste, partant, sur l'absence du père, la présence de la mère et le cadre social qui marqueront le destin littéraire et politique de Sartre et Camus. L'anti-historisme de ce dernier représente une étape symptomatique d'une « tradition douteuse » (p. 55) du XXe siècle (Valéry, G. Benn) dont la paternité revient à Nietzsche. Si la pauvreté conduit Camus à la révolte — constat des plus discutables pour qui connaît sa jeunesse — « il semble que le soleil où baignait son enfance eût fait fondre toute situation concrète et historique » (p. 56), ce qui expliquerait que la révolte camusienne se situerait en dehors de l'histoire et qu'elle ne serait capable de s'articuler que sur un plan universel. L'indifférence de Meursault rendrait alors caduc non seulement le succès de sa révolte amorcée, elle en annulerait le motif même. Selon Mayer, Camus a préféré consacrer l'antinomie originelle de « l'atemporalité du soleil et de la permanence de la révolte » (p. 57) plutôt que d'apprivoiser ce dilemme insoluble par une bonne dose de dialectique historique. On voit qu'il s'agit, en principe, d'une critique marxiste traditionnelle telle qu'elle s'est exprimée pendant et après la polémique de *L'Homme révolté*, mais il faut admettre que la vignette de Mayer n'est pas sans intérêt.

Les quelque trois pages et demie très denses qu'Erich Köhler [16] consacre à *L'Étranger* et au *Malentendu* devraient être placées dans le contexte du livre entier qui oppose, entre autre, aux thèses de Monod un possibilisme nuancé. Köhler reproche à Meursault d'avancer la contingence comme cause de son acte meurtrier et à Camus de présenter une version ennoblie de l'aliénation garnie d'un individualisme héroïque. La révolte contre le hasard — celle par exemple de Jan et de Martha — ne peut paradoxalement se déployer que dans la direction de la contingence qui est le fondement de l'absurde. L'approche sociologique de Köhler tente de nous éloigner d'une esthétique purement réceptive et de nous approcher d'une esthétique productive.

La section suivante du « Carnet critique » contient quelques recensements de travaux dont l'accès ou la langue présente des difficultés particulières.

En se fondant sur la notion de « l'auteur-transcripteur » développée dans une récente étude théorique très fouillée [17], Oscar Tacca propose une lecture esthétique de *L'Étranger* qui voit en ce récit la somme de « feuillets perdus » de Meursault [18]. Visiblement, Camus y cède la parole à un narrateur, il est tantôt absent, tantôt présent si bien qu'une tension s'établit entre sa voix d'intrus et celle, légitime, du narrateur. Pour aboutir à une vraisemblance accrue, l'auteur-transcripteur utilise une prose pseudo-documentaire productrice non d'une réalité mais, selon l'expression de Barthes, d'un « effet de réalité ». À en croire Tacca, *L'Étranger* transcrit [19] le journal du protagoniste en omettant l'Avertissement traditionnel de l'éditeur. Tacca étudie notamment le passage de la parole et du discours à l'écriture pour se demander si, en fin de compte, le texte n'est pas la transcription du « manuscrit » de Meursault. L'étrangeté de celui-ci est due à sa tentative de s'accommoder avec les exigences du langage conventionnel. Or pour Meursault le langage, quoique simple et précis, demeure essentiellement un « instrument rituel » (p. 25). Non littéraire, parce qu'adoptant un « registre laconique » (p. 15), l'écriture de Meursault comporte précisément les éléments que le bon style condamne : les détails insignifiants, évidents, inutiles et superflus (pp. 11-2). Cependant elle ne constitue pas une transcription spontanée des événements dont elle s'informe. À l'instar de toute écriture, le style « au pied de la lettre » (p. 13) que Meursault pratique représente « le terme d'une série de réductions successives » (p. 12) filtrées à travers sa conscience plus ou moins attentive. Retraçant les jalons narratifs et les modes de leur médiation, Tacca conclut qu'en dépit des différences de ton des deux parties le récit de Meursault correspond à un journal dont le dernier jour est relaté dans le dernier chapitre (pp. 19-20) qui renoue ainsi avec l'immédiateté des premières expériences consignées au début. À qui soulèvera l'objection du style choisi des passages lyriques, Tacca répondra qu'en fait il s'agit d'irruptions et d'éruptions, de poussées sentimentales dont l'articulation se situe plutôt sur le plan quantitatif et répétitif que qualitatif, enfin d'un recours à un arsenal de métaphores déjà à la disposition du fils suivant le cortège funèbre. Le récit montre que ces métaphores s'intensifient à mesure que le tempérament de Meursault se voit sommé. À l'auteur intrus se substitue, en fin de compte, le lecteur intrus. On ne peut que recommander la lecture intégrale de ces pages denses qui ne nient pas leur dette envers Barrier et Fitch.

William E. Leparulo répertorie dans un essai tout récent [20] quelques citations privilégiées glanées dans *L'Envers et l'endroit* pour souligner le constat de l'auteur content d'avoir retrouvé, après l'âpre désespoir et la solitude de son séjour en Europe centrale, le paradis perdu de son bonheur méditerranéen. Selon Leparulo, la réconciliation avec l'homme que l'Italie permet à Camus l'induit, sous l'influence de l'architecture et des gens de Vicence, à retrouver et approfondir le mélange de sensualisme et de sophistication qui marque son style inimitable. Alors qu'à Prague la sensibilité naturaliste et le drame intérieur l'acculait à une solitude désemparée et impuissante, le paysage italien rétablit la corrélation des deux pôles qui sont les ressorts de son écriture. Au terme de son exil de Prague, Camus récupère son royaume à Vicence où se déroule une péripétie principale de son drame de la maturation.

R. G.-C.

NOTES

1. B.G. GARNHAM, « Camus », pp. 129—46 in John FLETCHER [éd.], *Forces in Modern French Drama*, New York, Frederick Ungar, 1972.

2. Ross ADEN, « Tragedy of the Absurd : Marlowe's *Tamburlaine* and Camus's *Caligula* », *Thoth*, II, 13, Spring 1973, pp. 3—9.

3. Heinz Willi WITTSCHIER, « Albert Camus und Antonin Artaud. Zum Verständnis von *L'État de siège* », *Romanistisches Jahrbuch*, XIII, 1972 (1973), pp. 137—49.

4. Cf. *Les Envers d'un échec. Étude sur le théâtre d'Albert Camus* (Paris, Lettres Modernes, 1967), pp. 134—6.

5. Alfred SCHWARZ, « The Limits of Violence : Camus' Tragic View of the Rebel », *Comparative Drama*, VI, 1, Spring 1972, pp. 28—39.

6. Roland GASKELL, *Drama and Reality : The European Theater since Ibsen* (London, Routledge and Kegan Paul, 1972), pp. 32-3.

7. Ray DAVISON, « Clamence and Marmeladov : A Parallel », *Romance Notes*, XIV, 2, Winter 1972, pp. 226—9.

8. Marianna C. FORDE, « Condemnation and Imprisonment in *L'Étranger* and *Le Dernier jour d'un condamné* », *Romance Notes*, XIII, 2, Winter 1971, pp. 211—6. Cf. à ce propos Marie NAUDIN, « Hugo et Camus face à la peine capitale », *Revue d'histoire littéraire de la France*, LXXII, 2, mars-avril 1972, pp. 264—73 et notre c.r. in *AC7*, 133.

9. Ruggero M. RUGGIERI, « Un Senechiano e un senechiano "malgré lui" : Albertino Mussato e Albert Camus », *Giornale italiano di filologia*, III (XXIV), 31 Luglio 1972, pp. 412—26.

10. Jacques CABOT, « Albert Camus et Simone Weil », *Kentucky Romance Quarterly*, XXI, 3, 1974, pp. 383—94.

11. Pierre N. VAN-HUY, « Camus et le conflit traditionnel des valeurs paternelles et maternelles », *The University of South Florida Language Quarterly*, XIII, 1-2, Fall-Winter 1974, pp. 10—4.

12. Robert S. TATE, « The Concept of Absurd Equilibrium in the Early Essays of Albert Camus », *The South Atlantic Quarterly*, LXX, 3, Summer 1971, pp. 377—85.

13. Jerry L. CURTIS, « Heroic Commitment or the Dialectics of the Leap in Kierkegaard, Sartre, and Camus », *Rice University Studies*, LIX, 3, Summer 1973, pp. 17—26. Cf. *AC6*, 194 et *AC7*, 135-6.

14. Yvonne GUERS-VILLATE, « Revolt and Submission in Camus and Bernanos », *Renascence. Essays on Values and Literature*, XXIV, 4; Summer 1972, pp. 189—97.

15. Hans MAYER, « Sartre und Camus », pp. 53—8 in *Anmerkungen zu Sartre*, Pfullingen, Neske, 1972.

16. Erich KÖHLER, [« Camus »] pp. 86—9 in E. KÖHLER, *Der Literarische Zufall, das Mögliche und die Notwendigkeit*, München, Wilhelm Fink Verlag, 1973.

17. Cf. O. Tacca, « Autor y fautor », pp. 34—63 in *Las Voces de la novela*, Madrid, Gredos, 1973. Le livre entier pose le problème des registres sur lesquels se déploient les voix cachées de la narration. Voyant le théâtre comme réflexion, le roman comme réfraction, Tacca analyse le conflit toujours sous-jacent entre le roman aspirant à la vraisemblance et le romanesque qui ramène celle-ci invariablement à la fiction. Afin de dominer ce conflit, l'auteur a recours, ouvertement ou clandestinement, au procédé de la transcription d'une histoire qu'il fait passer pour réelle, renforçant ainsi l'illusion d'un récit documentaire qui relaterait des faits réels.

18. Oscar Tacca, *El Extranjero, unos "papeles hallados" de Meursault*, Resistencia-Chaco [Argentine], Faculdad de Humanidades, Universidad Nacional del Nordeste, 1974, 31 p. (Série « Teoria literaria », n. 3).

19. Cf. à ce propos Henning Krauss, « Zur Struktur des Étranger », *Zeitschrift für französische Sprache und Literatur*, 80, September 1970, pp. 210—29.

20. William E. Leparulo, « Albert Camus a Praga e a Vicenza », *South Atlantic Bulletin*, XL, 1, January 1975, pp. 9—14.

COMPTES RENDUS

Cahiers Albert Camus 1 (*La Mort heureuse*) et 2 (*Le Premier Camus* suivi de *Écrits de jeunesse d'Albert Camus*). Paris, Gallimard, 1971 et 1973.

Onze ans après la mort de Camus, n'était-il pas à la fois un peu tard et un peu tôt pour recueillir ses textes dispersés et lancer ces *Cahiers* d'inédits ? On annonce la publication des *Journaux de voyage* (en Amérique du Nord et en Amérique du Sud), mais pas encore de ce qui existe du « Premier homme ». Un choix de lettres serait utile, d'après celles que nous connaissons déjà, en attendant la Correspondance entière. Les directeurs des *Cahiers* — Brisville, Roger Grenier, Quilliot, Viallaneix — se disent prêts à inclure dans leur série des « études susceptibles de jeter une lumière nouvelle » sur l'ensemble de l'œuvre de Camus. Ne vaudrait-il pas mieux, comme on a fait jusqu'à maintenant, se limiter à des introductions ou à des travaux spécifiques ? *Le Premier Camus* se lit parallèlement aux *Écrits de jeunesse*, même s'il s'en échappe. On pourrait présenter un « Camus critique » (et préfacier), un « Camus journaliste », un « Camus metteur en scène »... sur la base de documents rares ou inédits. Les *Cahiers Albert Camus* seraient ainsi mieux identifiés, dans le prolongement naturel des textes complémentaires et des commentaires de la Pléiade.

Les *Carnets*, parus hors collection, apportaient des notes variées, inégales, spontanées. Il était normal que les *Cahiers* soient inaugurés par *La Mort heureuse*, qui dépasse le brouillon, qui révèle un Camus presque complet (faiblesses et promesses), déjà en possession de son style et de ses principaux moyens.

La Mort heureuse se qualifie de « roman », le seul roman de Camus, et très (trop) romanesque, jeune, romantique. Naïf ? Pas dans tous les sens du terme. Idéaliste et sceptique, enthousiaste et taché de sang. Je ne dis pas que c'est un roman réussi. Non seulement c'est le roman d'un débutant qui ne sera jamais romancier, mais cette œuvre « mal cousue et remarquablement écrite » (QUILLIOT) est d'un « styliste » (SAROCCHI), c'est-à-dire d'un (futur) auteur d'essais poétiques et de récits symboliques. *La Mort heu-*

reuse nous fait comprendre à leur source, qui est plutôt un confluent, l'alternance et le mouvement des divers discours de Camus. *La Mort heureuse*, par fragments, avant cette édition, avait été surtout comparée à *L'Étranger*. On sait maintenant qu'elle se rapproche davantage — par ses images, sa rhétorique, son rythme, son écriture, ses personnages et quelques éléments d'intrigue — de *L'Envers et l'endroit* et de *Noces*.

Cette « *vérité patiente qui va de l'étoile à l'étoile* » (p. 147) ou « *de la mort à la mort* », cette double vérité, ce secret, ce visage ensoleillé et inondé qui nous « *mène vers la mort heureuse* », nous réfèrent d'abord à l'ambiguïté, à la tension du titre. *La Mort heureuse*, c'est aussi bien le bonheur mort, pas encore enterré. Une jeunesse qui n'en finit plus, une vie adulte qui ne commence pas, voilà l'épanouissement et la rupture de *La Mort heureuse*. Naturelle ou consciente, la mort est une, mais déséquilibrée, comme les deux parties du roman, comme le meurtre et le suicide, comme l'amour et la solitude.

En faisant brièvement la « Genèse de *La Mort heureuse* », c'est la genèse de toute l'œuvre de Camus qu'esquisse Jean Sarocchi. « *Le parallèle avec* Caligula, *dans une étude complète, s'imposerait* » (p. 18, n. 1), note-t-il. Et avec Jan, Nada, Kaliayev (sinon avec les pièces elles-mêmes), avec les mythes de *L'Été*, avec « La Femme adultère » et d'autres héros de *L'Exil et le royaume*. Sarocchi insiste, pour sa part, sur *L'Étranger*. « *Le passage de la division ternaire à la division binaire signifie pour Camus le renoncement à un découpage classique, où serait ménagée la synthèse des contraires, au profit d'une dialectique plus personnelle où les contraires seraient mis en court-circuit.* » (p. 18). Sans doute, mais les deux parties disproportionnées de *La Mort heureuse* (malgré un nombre égal de chapitres) ne recoupent et ne se recouvrent pas du tout comme celles de *L'Étranger*. La structure n'est pas la même, ni le point de vue (subjectif-objectif, lyrique-critique), malgré l'homothétie relative de quelques scènes. Comment conclure alors que *L'Étranger*, schématiquement, n'est qu'un « *décalque* » (p. 18) de *La Mort heureuse* ? Pour le reste — chronologie, plans (des « *six histoires* » (p. 20) à l'antagonisme de l'inauthentique et de l'authentique), proverbes inversés, temps perdu et temps gagné, « *embarras de Camus au sujet des épisodes érotiques ou sentimentaux* » (p. 14) —, l'introduction de Sarocchi est efficace.

Même s'il ne s'agit pas ici d'une édition critique, les variantes choisies (à partir des deux dactylogrammes et surtout de feuilles manuscrites détachées et de dossiers préparatoires) sont beaucoup plus nombreuses que les notes. Celles-ci sont descriptives, rarement conjecturales (sur l'origine du nom de Zagreus). Peu de jugements de valeur : le chapitre II de la Première partie serait « *le plus laborieusement et le plus mal composé* » (p. 207), « *fait de plusieurs morceaux qui tous visent à créer l'impression d'une vie prosaïque et routinière* ». Quelques morceaux appelés à des métamorphoses importantes (et d'autres, intéressants à divers titres : pp. 217-8) sont donnés *in extenso*, « à l'état brut » (pp. 210—2, 219, 221). Du chapitre III de la Seconde partie, « *on n'a pas trouvé de manuscrit, sauf pour un passage sur Lucienne* » (p. 226) ; plus haut : « [...] *il n'existe aucune version manuscrite, sauf le chapitre II de la seconde partie* » (p. 205). Contradiction, obscurité, lapsus ?

*

Dans le deuxième numéro des *Cahiers*, la perspective est inversée : les *Écrits de jeunesse d'Albert Camus* — on a choisi « *des textes déjà élaborés et cohérents* » (p. 127) — accompagnent, illustrent le large essai de Paul Viallaneix sur *Le Premier Camus*. Même s'ils ne sont pas tous inédits (voir les *Essais* de Camus dans la Pléiade [II, 1169—219]), il est commode de les voir ici rassemblés, complétés et bien établis.

1932 offre d'abord des comptes rendus dans la revue *Sud* (sur Verlaine, Jehan Rictus, Bergson), le long « Essai sur la musique » (auquel on ajoute la version primitive de l'introduction, un plan détaillé, une bibliographie et les observations, en marge, du professeur Jean Grenier), puis cinq « rêveries » ou dialogues peu socratiques réunis par Camus sous le titre d'« Intuitions », dont le premier, « Délires » (« Écoute ma folie »), et le dernier, « Retour sur moi-même », sont les plus étranges, les plus beaux. Vu les feuillets mobiles non paginés, l'ordre « le plus logique » a été donné aux « Intuitions ». En 1933 : des « Notes de lecture » (« *Gide a trop cherché à s'éloigner de Gide* », p. 206) et d'écriture ·assez proches des *Carnets*, la fameuse architecture intérieure de « La Maison mauresque » et (j'en passe) « L'Hôpital du quartier pauvre », « L'Art dans la communion ». En 1934, seuls « Le Livre de Mélusine » et « Les Voix du quartier pauvre », deux cadeaux de Noël à Simone Hié.

La synthèse du *Premier Camus* est beaucoup plus qu'une introduction aux *Écrits de jeunesse*. Viallaneix commence par le paradoxe d'un Camus qui se méfiait de la littérature militante et qui dut ses premiers succès aux conséquences historiques de la guerre. *Caligula*, terminé en 1939, est un spectacle de 1945. Après *L'Homme révolté*, « *l'attaque en règle menée contre sa "philosophie" parut dévaluer son œuvre littéraire* » (p. 11). Il est temps de revenir à celle-ci, dont le critique — qui s'arrêta cependant avant *La Chute* (tout juste mentionnée, p. 120) et *L'Exil et le royaume* — souligne l'unité, la fidélité, depuis *L'Envers et l'endroit* jusqu'à l'ombre platonicienne et œdipienne du « Premier Homme ».

La « *lassitude* » (p. 24) du Camus de vingt ans n'est pas un exercice d'école. « Intuition », malgré le triple patronage de Bergson, Gide et Nietzsche, est son premier texte personnel. Viallaneix l'analyse (et il y reviendra) après avoir passé en revue diverses lectures mystiques et philosophiques. Que Camus soit « *grave* » (p. 24), que sa ferveur soit « *déjà tragique* » (p. 22), qu'il « *adhère difficilement à un système* » (p. 25), on en est convaincu, mais ne voit-il vraiment dans l'art qu'« *une évasion salutaire, qui procure à volonté l'oubli du rêve* » (p. 26) ? On frôle ici la psychanalyse, sans y entrer. On confond l'enfant, l'adolescent et le jeune homme. Il reste que, par l'expérience des mots, Camus, au contraire de Sartre, a été séparé des siens. Il a tenté de fuir, verticalement, mais il est vite revenu, par le détour de son œuvre, après quelques dissertations scolaires et de non moins laborieuses féeries.

D'« oubli », la littérature devient « délivrance » pour Camus grâce à *La Douleur* d'André de Richaud. Le silence n'est pas rompu, il est dénoué, multiplié, rendu significatif. L'influence de Malraux est sensible dans *Révolte dans les Asturies*. Avec « L'Art dans la communion », à la rédaction « *particulièrement soignée* » (p. 301), Camus revient un moment à ses démons, pour les maîtriser (« *l'Art ne peut nier la vie* », p. 253), les équilibrer (« *en face de dualités dont les termes sont irréconciliables* »). L'esthète accepte de témoigner. Il témoignera du Pauvre et de la pauvreté, chez Rictus, chez lui, à Belcourt, en Kabylie. « *Cependant, chez Camus, le journalisme militant ne saurait contaminer la création littéraire.* » (p. 55). Contaminer ? À *Alger Républicain* comme à *Combat*, l'écrivain en tout cas dirige, supporte le reporter et l'éditorialiste. Peu importe qu'il faille attendre « Le Premier homme » pour que Camus libère sa mémoire et se permette « *le soulagement des aveux complets* » (p. 56) ! « Les Voix du quartier pauvre » (et celles de son « Hôpital ») sont dépouillées, objectivement écoutées, enregistrées comme des voix étrangères aux résonances intimes. La littérature « *se parle plus qu'elle ne parle* » (p. 56).

Une critique nuancée de « La Maison mauresque », dont l'auteur « *se préfère, malgré lui, à son sujet* » (p. 73). Sous le titre « *Le Soleil* », sont étudiés la « religion de la Méditerrannée » et les rituels de l'« École d'Alger » — des poèmes de Max-Pol Fouchet ou de Blanche Palain au *Santa Cruz* de Grenier, entre l'éloquent Audisio et l'elliptique de Fréminville. « *Influence, ou connivence ?* » Ce n'est pas toujours clair, et d'ailleurs peu important.

« *Camus s'accommode, sans s'y complaire, de ses contradictions.* »
(p. 94). Telle est « L'Énigme », la section la plus longue, qui précise l'influence de Montherlant, explique la lecture de « Parallèlement », analyse *Caligula* et *L'Étranger. Le Premier Camus* est
tout près du dernier, dès qu'on (qu'il) a identifié son « *balance-
ment* », « *équivoque parce qu'il est tragique* » (p. 120).

                                        ‑   Laurent MAILHOT

Phan THI NGOC-MAI, Pierre NGUYEN VAN-HUY avec la collaboration de Jean-René PELTIER, *"La Chute" de Camus ou le
dernier testament. Étude du message camusien de responsabilité et d'authenticité selon "La Chute"*. Neuchâtel,
Éditions de la Baconnière, 1974, 241 p. (Coll. « Langa-
ges »).

Trois auteurs figurent sur la couverture de cet ouvrage consacré à *La Chute.* L'étude principale (pp. 52—240) est de Phan
Thi Ngoc-Mai ; il s'agit d'un mémoire publié en 1971 par la Faculté
des Lettres de l'Université de Saïgon. Dans cette nouvelle édition,
l'introduction du mémoire a été supprimée et remplacée par une
nouvelle introduction (pp. 9—49) rédigée cette fois par Pierre
Nguyen Van-Huy. La « collaboration » de Jean-René Peltier est
malaisée à déterminer mais se limite vraisemblablement à son
rôle de directeur de mémoire. Puisque le mémoire a déjà fait
l'objet d'un compte rendu (voir *AC5*, 240—4), nous bornerons nos
remarques à l'étude de Pierre Nguyen Van-Huy qui préface le
livre proprement dit.
    Le critique propose d'examiner *La Chute* sous une optique
précise, celle de « testament spirituel » de l'auteur. Cette métaphore lui sert de cadre à toute son étude. Nguyen Van-Huy jus-
tifie l'optique choisie, par la situation chronologique de *La Chute*
(Clamence est rapproché de Janine et du renégat de *L'Exil*) ; par
sa situation analogique et symbolique (les allusions dans *La Chute*
à l'Ancien et au Nouveau Testament sont mises en lumière) ; par
son « caractère intentionnel » (« le discours de Clamence est [...]
orienté, dirigé ») ; par son contenu thématique (le thème fondamental de *La Chute* est celui du « salut par le sacrifice du moi
dans la solidarité et la responsabilité universelle »).

Le reste de l'étude se divise en trois parties. Le critique s'interroge sur la forme « ironique et humoristique » du récit. *« Cette forme nous semble la seule forme authentique à nous donner un reflet fidèle de l'état d'âme de l'auteur au moment du testament, une image de la mentalité du destinataire et aussi de l'ambiguïté et de la dualité de la vie elle-même. »* (p. 13). Ensuite le critique nous offre une lecture détaillée de *La Chute*. Dans l'évolution de Clamence, il distingue deux espèces de révolte : la « révolte négative » qui consiste à lutter contre l'unité (cinq différents moyens sont examinés) et la « révolte unitaire » qui marque l'effort de « conversion à l'Un plotinien » (cinq « situations symptomatiques » sont également distinguées). Enfin les thèmes de la lumière, de la nuit et de l'eau sont analysés et permettent au commentateur de situer *La Chute* dans l'ensemble de l'œuvre camusienne et de dégager les « éléments cosmiques de l'homme camusien ».

La notion de *La Chute* comme « testament spirituel » nous semble à certains égards contestable. Il est tout à fait légitime dans les études littéraires d'utiliser le terme *testament* pour la dernière œuvre d'un artiste quand elle apparaît comme la suprême expression de sa pensée et de son art. Mais une telle constatation appliquée à Camus a tendance à obscurcir la place occupée par *La Chute* dans l'ensemble de l'œuvre camusienne. Ce récit serait moins la dernière œuvre d'un artiste qu'un nouveau point de départ, interrompu par la mort inattendue de l'auteur. En outre les remarques de Nguyen Van-Huy jouent sur une ambiguïté qui ne sert qu'à dérouter le lecteur. Ayant évoqué *La Chute* en tant que « testament spirituel » de *l'auteur*, le critique passe imperceptiblement à une notion nettement différente lorsqu'il fait allusion au « testament de Clamence ». En d'autres termes, l'étude de Nguyen Van-Huy souffre d'une fâcheuse confusion entre deux notions qu'il faut clairement distinguer, entre d'une part l'intentionnalité de l'auteur et d'autre part celle du personnage. Sans cette distinction, on a tendance à confondre le point de vue de Camus et celui de Clamence, ce que le critique n'est pas parvenu entièrement à éviter.

Cette confusion ressort tout au long de l'étude. Prisonnier de sa métaphore, Nguyen Van-Huy cherche à établir une analogie malencontreuse entre « l'état d'âme » de l'auteur au moment de la genèse du roman et celui de Clamence au moment où il se livre à son « monologue ». Oubliant totalement la mauvaise foi qui caractérise le discours de Clamence, le critique semble envisager le personnage-narrateur comme l'incarnation de la « vertu », rempli *« d'amertume et de révolte contre la duplicité, la tartu-*

*ferie et la tyrannie du moi aussi bien que la dualité, l'ambiguïté
et la contradiction de la condition humaine* » (p. 14). Même lorsque Clamence révèle ses véritables intentions face à son interlocuteur, le commentateur ne soupçonne jamais qu'une telle affir-
mation mette en cause tout le « testament » du personnage. Il
nous semble indispensable de se méfier du « testament » du « juge-
pénitent », ce qui ne serait certainement pas le cas pour celui de
l'auteur de *La Chute*.

En somme, l'étude de Nguyen Van-Huy nous offre une lecture
approfondie et subtile du roman sur le plan philosophique, psychanalytique et mystique. Pourtant nous hésitons à le suivre car,
pour nous, *La Chute*, loin de véhiculer un message préconçu, un
« testament », se présente avant tout comme un texte littéraire,
une œuvre de fiction où il serait hasardeux de négliger les structures formelles.

Owen J. MILLER

Paul LÉCOLLIER, *Albert Camus*. Paris, Hatier, 1974, 160 p. (Coll.
« Thema/Anthologie »).

Une situation curieuse caractérise actuellement les études
camusiennes. Les recherches de plus en plus approfondies et parfois ésotériques continuent à proliférer ; on lit chaque année de
nombreuses études qui surprennent par leur originalité, leur subtilité et leur maîtrise de la vaste bibliographie consacrée à
l'auteur. Par contre les ouvrages de vulgarisation ne manquent
pas de paraître et témoignent du fait qu'il existe (du moins dans
l'esprit des éditeurs) un public désireux d'une connaissance aisée
de l'auteur. On pourrait se demander si l'une des tendances
n'entraîne pas nécessairement l'autre. Encombrée de considérations théoriques et d'un jargon hermétique, la critique actuelle
semble de plus en plus vouée aux spécialistes et aux universitaires. Les ouvrages de vulgarisation n'auraient plus alors une
valeur marginale mais rempliraient une fonction essentielle, à
savoir que le rôle traditionnel du critique est d'agir en tant que
médiateur entre le texte littéraire et le lecteur non-spécialiste.

L'essai de Paul Lécollier appartient à ce second groupe d'études et fait partie d'une collection (« Thema/Anthologie ») qui
s'efforce de « placer d'emblée le lecteur au cœur même de l'œuvre ». L'auteur réunit sous plusieurs rubriques (« Un Été invinci-

ble », « La Solitude et le monde du procès », « De Sisyphe à Prométhée », « Face à l'histoire », « L'Artiste et son temps ») un choix
d'extraits, préfacés d'un bref commentaire et suivis de notes qui
encouragent le lecteur à s'interroger sur le texte et à se référer
à l'œuvre dont l'extrait est tiré. Une bibliographie sélective et
critique et un index thématique complètent l'ensemble. Ainsi nous
avons affaire à un livre essentiellement pédagogique. Évidemment
on pourrait soulever certaines objections ; le découpage en
extraits quasi arbitraire des œuvres littéraires ; la juxtaposition
de textes littéraires et non littéraires comme s'il n'existait aucune
différence entre les deux ; la lecture thématique des extraits
retranchés de leurs structures formelles. Mais de tels reproches
semblent négligeables.

L'ouvrage de Lécollier nous amène au cœur du monde camusien jusqu'au point où le spécialiste se sentirait quelque peu
rajeuni par cette rencontre « naïve » avec les œuvres de l'auteur.
Il est vrai, sans doute, comme le prétend Roland Barthes, que le
but de toute critique est « moins [de] donner un sens à l'œuvre
énigmatique que [de] détruire ceux dont elle est tout de suite et
à jamais encombrée ». Mais un tel dogme ne risque-t-il pas de
nous forcer à réagir dialectiquement à un métalangage et
d'obscurcir ainsi son objet ? De même que Camus a toujours
trouvé le besoin de retourner aux sources de son inspiration littéraire, de même le spécialiste autant que le débutant doit fréquem-
ment entreprendre un pèlerinage aux sources de l'univers camusien. L'ouvrage de Lécollier a le mérite de nous aider à y parvenir.

Owen J. MILLER

Lev BRAUN, *Witness of Decline. Albert Camus : Moralist of
the Absurd.* Rutherford, Fairleigh Dickinson University
Press, 1974, 283 p.

C'est un défi courageux que de publier, en 1974, une étude de
près de 300 pages sur Camus moraliste de l'absurde. Plus de
trente livres [1] ont été consacrés, jadis et naguère, à la pensée philosophique, politique et religieuse de l'auteur de *La Chute* et le
temps est en effet venu de faire non seulement le bilan de cette
énorme production critique mais aussi la situation d'un poète-
philosophe trop vite et trop longtemps prisonnier d'une légende
que sa mort prématurée a rehaussée au mythe. Disons d'emblée

que l'ouvrage de Braun ne répond pas à ce besoin, qu'il se situe au niveau d'un essayisme trop souvent facile et insuffisamment informé.

À l'instar de bon nombre de prédécesseurs, Braun suit les étapes de la formation des valeurs camusiennes à travers les paradis perdus que décrivent *L'Envers et l'endroit* et *Noces*. Sur-le-champ on est surpris de constater qu'il ne se sert pas des *Écrits de jeunesse* mis à disposition par Paul Viallaneix dès le premier trimestre de 1973 ni, bien sûr, de son essai sur *Le Premier Camus* paru dans le même volume des *Cahiers Albert Camus*. L'omission de ce recueil indispensable pour toute biographie intellectuelle et morale de Camus se comprend tout au plus si l'on tient compte des délais de publication et de la date de parution de la présente étude (1974). Mais un coup d'œil sur la « bibliographie » (pp. 264—73) révèle un choix de titres qui eût pu se présenter ainsi dès le début des années 60, exception faite des travaux de Parker et Willhoite. Y figurent les livres de Brée, Luppé, P.-H. Simon, Quilliot, Parker et Willhoite et, dans la section « Articles », ceux de Durand, Hanna, Thoorens et Thody (celui de 1957 mais pas celui de 1961), plus une trentaine d'articles dont le choix semble avoir été dicté par leur appartenance à l'époque dite existentialiste alors que celui de la liste des ouvrages de fond contient un pot-pourri d'études socio-politico-historiques de la première moitié du XXᵉ siècle. Est-il besoin de souligner qu'une pareille limitation — volontaire ou non — suscite pour le moins le doute chez le lecteur averti de 1975 ?

Or dès la lecture de la première partie de *Witness of Decline*, l'on se rend compte que Braun ne tient à présenter que les perspectives qui se dégagent de *sa* lecture des textes clés camusiens. Il en résulte une interprétation de ces années formatrices qui ne sera utile qu'au néophyte désireux de connaître quelques assises de la morale camusienne naissante [2]. Parmi les généralités et les généralisations souvent hâtives — la genèse des termes clés doit sans doute être placée dans l'époque et les circonstances qui les ont vu naître, mais elle devra aussi et surtout être analysée sur le plan conceptuel — se trouvent plusieurs erreurs manifestes attribuables au manque d'informations précises [3].

Les quelque trois pages consacrées au *Mythe de Sisyphe* (pp. 53—6) constituent seulement une tentative simpliste d'expliquer l'absurde par ses circonstances historiques et politiques et ce dans un livre intitulé *Moralist of the Absurd*. *L'Étranger* est vu comme une étude psychologique qui chavire, dans sa deuxième partie, au roman à thèse. Le comportement de Meursault, son respect pour le code de la rue font penser au rude climat qui régnait dans le quartier de Belcourt et confirment la fascination qu'exerçait, à l'époque, le demi-monde sur les intellectuels : « Le lecteur est invité à accepter l'inculpation des valeurs bourgeoises opérée au nom des prétendues valeurs absurdes qui sont, en fait, les valeurs de personnages en marge de la société mais adoptés avec enthousiasme par les intellectuels. » (p. 68). Meursault est un héros de l'absurde incapable de reconnaître les valeurs sociales, un désespéré tels Caligula et Martha.

Que les *Lettres à un ami allemand* représentent une espèce de bilan moral établi sous l'influence directe de la guerre, personne ne le contestera. Il est moins certain qu'avec ces lettres Camus ait voulu faire « ses adieux à Caligula » comme le suggère le titre du quatrième chapitre (p. 73). Si, outre le journalisme, œuvre de circonstance il y a, ce sont sans doute ces quatre lettres et *L'État de siège* (en tant que contribution à la littérature de Résistance telle que Camus la conçoit) et, dans un moindre ordre mais de circonstance toujours, *La Peste* et *Le Malentendu*. Il est inutile de rouvrir ici le débat sur les faiblesses esthétiques que ces œuvres comportent et qui sont attribuables en grande partie à leur symbolisme transparent, à l'allégorie d'un destin, d'un fléau et d'un mal par trop abstraite, c'est-à-dire non ou extra-humaine, phénomène d'autant plus ironique que *La Peste* est essentiellement un pamphlet contre l'abstraction. Ces quelques remarques ne se dirigent pas contre l'engagement croissant que Braun décrit en analysant la nature du pacifisme camusien et en interprétant la morale cathartique de *La Peste*. Selon lui, le fléau est identique à l'histoire fabriquée par l'homme (p. 96) et passée systématiquement au crible dans *L'Homme révolté*. Mais là encore l'absence d'une documentation sérieuse n'est pas faite pour avancer nos connaissances sur Camus. À titre d'exemple : Dans la section intitulée « Les Leçons de Combat », notre auteur n'incorpore ni les textes publiés par Norman Stokle (*Le Combat d'Albert Camus. Textes établis, annotés et présentés par N. S.*, Québec, Presses de l'Université Laval, 1970, 376 p.), ni les analyses serrées proposées par A. Abbou et J. Lévi-Valensi dans *Politique et journalisme* (*AC5*). Dans ce contexte, Braun ne mentionne pas non plus l'importante polémique sur l'épuration qui opposait Camus et Mauriac et qui fut pour celui-là une véritable cheville ouvrière dans la formation d'une notion assouplie de la justice. Lorsque l'ambition d'une étude est de scruter « non pas l'art mais les idées de Camus » (p. 98), il ne suffit plus de nos jours de paraphraser et résumer la position de l'auteur de « Ni victimes ni bourreaux » et de prendre pour base les textes tels qu'ils se présentaient en 1960.

La partie centrale, en fait, presque la moitié du livre est consacrée à *L'Homme révolté* interprété comme apologie passionnée des valeurs morales et comme mise au jour de leurs perversions successives. Adoptant instinctivement le point de vue de la morale laïque ancrée sur le besoin et le droit de bonheur, Camus y « tente de faire contre les Pharisiens de la logique contemporaine ce que les pacifistes avaient fait contre la morale pharisienne du jacobinisme et du nationalisme » (p. 110). Notre auteur se demande alors en quoi consiste le bonheur sécularisé que, sans être métaphysiciens, revendiquaient déjà Cherea et Rieux. Il compare la situation de Camus à celle de Kant coincé entre la Terreur et le Marquis de Sade (p. 112) et répète l'argument, avancé dès la parution de *L'Homme révolté*, que la vraie cible de cet essai est le terrorisme stalinien. La révolte est à Camus ce que le conflit entre l'éternel et le temporel est à Kierkegaard, la volonté de puissance à Nietzsche, le sentiment tragique à Unamuno, la réaction kantienne au *Scheitern* à Jaspers et la sympathie à Scheler (p. 114) : une modalité existentielle transmuée en valeur créatrice. La négation affirmative du révolté n'est pas égotiste mais personnaliste, elle le transcende vers autrui et constitue la base de la solidarité humaine. L'irréductible dignité est la cause de la révolte alors que la solidarité en est l'effet. Mais si le passage de l'absurde négatif (l'était-il jamais par-delà le pur constat ?) à la révolte positive est cohérent du point de vue lyrique, il s'avère discutable parce qu'empiriste du point de vue logique (p. 120). C'est que l'origine de cette valeur camusienne, dépourvue de transcendance verticale, n'est pas claire aux yeux de notre auteur qui, dans le sillage de O.F. Bollow [4], compare le fondement de l'éthique camusienne à celui de la morale kantienne [5]. Cependant, le concept de solidarité dépasse le syllogisme kantien selon lequel l'homme, en tant que sa propre fin, inclut son prochain fût-il ami ou ennemi. Cette solidarité est empruntée à la charité chrétienne dont elle constitue une version sécularisée. « [...] le paradoxe de l'humanisme [...] camusien ne se situe pas seulement dans son manque de croyance en un Dieu transcendant mais aussi dans son incapacité de découvrir une médiation par le truchement de l'univers naturel. » (p. 125). Il n'est, bien sûr, guère nécessaire de montrer ce que la pensée de midi et, *mutatis mutandis*, la notion camusienne de la nature humaine doivent à la pensée grecque. Braun dénonce vigoureusement le mélange adultère de valeurs chrétiennes et païennes, mais, curieusement, ne tente pas de reconstituer cette synthèse qu'opère Camus dès son Diplôme d'études supérieures. Or on sait à présent [6] qu'il n'a plus guère modifié les idées philosophiques une fois reçues et « adoptées »

en préparant « Métaphysique chrétienne et néoplatonisme » (II,
p. 1224 et sqq.), ouvrage pivot qui ne se voit mentionné ni dans
le corps ni dans l'index de la présente étude sur l'éthique camusienne. Signalons aussi l'absence d'une analyse montrant ce que
la pensée de midi doit, outre aux Grecs, à Nietzsche. Il va sans
dire que ces omissions rendent suspectes et les prémisses et les
conclusions d'un ouvrage critique sur l'humanisme camusien. Que
la pensée de Camus manque de souplesse, qu'elle soit dépourvue
de toute dialectique, donc statique, qu'elle pèche par imprécision
et manque de logique (p. 132), ce sont là des objections soulevées
par force critiques contemporains et réitérés plus méthodique-
ment par leurs successeurs. Il est commode pour le lecteur en
mal de grandes perspectives et de formules bien frappées de
« savoir » Camus éclecticien insatiable, « sans racine ni téléologie
[...], [qui] emprunte des idées à bien des philosophes sans mener
à bout une théorie quelconque : un kantien qui ne croirait pas
à la raison pratique, un piétiste sans Dieu, un Aristotélicien sans
téléologie, un existentialiste ahuri qui s'évertue désespérément à
maintenir une essence humaine dans un vide métaphysique »
(p. 133). Mais pour l'étudiant soucieux de trouver une information
solide, pareilles formules ne dépassent pas le cadre d'une conversation spirituelle, elles confirmeront ou remplaceront celles, trop
connues et citées, qui veulent faire de Camus un Pascal sans Dieu,
un champion de l'absurde et/ou de la révolte, etc. Toujours est-il
qu'en dépit des réserves signalées, la discussion de la morale qui
se dégage de L'Homme révolté représente la contribution la plus
substantielle du livre de Braun et l'on se demande en fin de
compte s'il n'eût pas mieux valu qu'il s'y limitât afin de docu-
menter et développer davantage l'essentiel de sa critique.

Les chapitres traitant des diverses aberrations de l'abstraction nihiliste passées au crible par Camus, notamment les pages
(pp. 141—8) nuançant l'antihistorisme camusien, forment une
introduction acceptable à L'Homme révolté. L'image de Camus
qui y est tracée est celle d'un auteur justifiant « le bonheur contre les revendications extravagantes de la fierté névrosée » (p. 156).
Le commentaire sur la polémique de L'Homme révolté (pp. 183—
91) vaut moins pour l'analyse des arguments philosophiques proprement dits que pour le dégagement des lignes directrices de la
controverse et des procédés qu'y adopte Camus, notamment sur
le plan psychologique. Notre auteur est d'avis que la partie la
plus originale du message de L'Homme révolté est « la psychanalyse des mouvements révolutionnaires » (p. 192), le diagnostic des
névroses politiques flagrantes tels le ressentiment, l'humiliation,
le sentiment de culpabilité, l'aliénation, la solitude et le désespoir.

On trouvera aussi utile le survol comparatif de la pensée politique de Camus et de R. Aron (pp. 198—202).

La lecture de *La Chute* se situe également sur le plan du symbolisme psychologique révélant « la perte inévitable [pour Camus] de l'innocence » (p. 210) et l'explosion d'une culpabilité latente. Sans âme et doué d'une seule pensée réflexive, Clamence signale « non la caricature mais la tragédie de la mauvaise foi » (p. 210), de même que le Renégat représente les à-pics de la bassesse humaine. Dans *L'Exil et le royaume*, notre auteur dégage le leitmotiv de la fraternité raciale et propose une lecture politique du recueil qui montre Camus en proie au « rêve de la non-violence d'un Quaker et [à] l'anarchisme d'un partisan » (p. 219). « À ses yeux, la civilisation française est d'abord humaniste ensuite française » (p. 219) et cet humanisme bien-pensant ne laisse pas de nous rappeler « le romantisme social » naïf (p. 222), il exprime une profession de solidarité universelle. Quant à la guerre d'Algérie et les textes qui s'y rapportent, Braun tente de retracer les péripéties morales et intellectuelles du dilemme camusien. Une fois de plus nous sommes frappé par l'indigence de la documentation sur la pensée politique d'Albert Camus. Le lecteur reste sur sa faim non pas parce que l'interprétation basée sur quelques textes copieusement cités lui semblerait « fausse » mais parce qu'il s'attend à une analyse qui le conduise plus loin sur le sentier entamé par Quilliot, Parker, Willhoite et autres.

Quel est alors le bilan qu'on peut établir après la lecture de *Witness of Decline* ? Il s'agit d'un essai de valeur fort inégale dont la longue partie centrale sur *L'Homme révolté* acquerra, en tant que commentaire détaillé, l'adhésion des camusiens même si, comme pour le reste du livre, la documentation est désuète et fort incomplète. La dernière section, portant sur Camus victime de l'ostracisme politique, n'est acceptable qu'en tant que recensement de citations privilégiées. Enfin, nous l'avons dit, le début du livre est sujet à caution et pèche par un manque d'informations précises. Ces réserves faites, l'essai de Braun, écrit dans un style agréablement dépouillé, peut être recommandé comme introduction aux problèmes que posent l'anti-totalitarisme passionné et « l'humanisme tragique » (p. 251), « héroïque » et « romantique » (p. 253) d'Albert Camus.

Raymond GAY-CROSIER

NOTES

1. Nombre approximatif tiré d'une bibliographie critique et sélective de quelque 1 500 titres mise au point pour les volumes sur le xxᵉ siècle à paraître dans le cadre de D.C. CABEEN, *A Critical Bibliography of French Literature*.

2. Cette genèse des idées et thèmes corrélatifs a été pertinemment analysée par Alan J. CLAYTON, *Étapes d'un itinéraire spirituel. Albert Camus de 1937 à 1944*, Paris, Lettres Modernes, « Archives des lettres modernes », 1971, 86 p.

3. À titre d'exemples : « il n'y a pas de trace chez Camus de ce genre d'irrationalisme qui domine chez tant de penseurs modernes » (p. 27). Et Caligula, notamment la première version « nietzschéenne » et telle note des *Carnets* ? — À l'époque de *Noces* et de *L'Envers et l'endroit*, « Camus était déjà marié et avait un enfant » (p. 29). Son premier mariage, en 1934 à l'âge de 21 ans, dura un peu plus d'un an et la présence d'un enfant issu de cette union serait une trouvaille biographique de premier ordre. À la p. 53 nous lisons que « la mort de [son] enfant » est survenue lorsque Camus avait 28 ou 29 ans (alors qu'il était remarié depuis 1940). — *Révolte dans les Asturies* est « une pièce jouée en 1936 par le Théâtre du Travail » (p. 35). L'interdiction gouvernementale dont cette pièce fut frappée aurait-elle porté dans le vide ? — Les *Lettres à un ami allemand* représentent « le premier signe que Camus renonce à l'absurde en tant que philosophie globale » (p. 75). Mais Camus n'a jamais postulé un statut absolu pour l'absurde et ne se fatiguait pas de rappeler aux critiques que l'absurde était un sentiment, un point de départ. — Il dirigea ses arguments contre les *Temps modernes* « quoique la plupart [*sic*] des chapitres de *L'Homme révolté* aient été publiés dans les *Temps modernes* » (p. 113). — « La version non publiée de Jonas » (p. 208). Cf. I, 2043.

4. « Existanzialismus und Ethik », pp. 321—35 in *Die Sàmmlung*, Nr 4, 1949. Le début du titre est faussement cité « Existenzionalismus ». Signalons la reproduction d'une page manuscrite mais non transcrite des *Carnets* (13 février 1936) et de la première page manuscrite de la première version de *La Chute*. Ces feuillets manuscrits sont intercalés entre les p. 128 et 129 de l'essai de Braun.

5. Dans la conclusion notre auteur rapprochera le kantisme émotionnel de Camus au kantisme intellectuel de Jaspers.

6. Voir à ce propos les études fouillées de Paul ARCHAMBAULT : *Camus' Hellenic Sources*, Chapel Hill, North Carolina University Press, 1972, 173 p. et « Augustin et Camus », *Recherches augustiniennes*, 6, 1969, pp. 193—221.

Jose BARCHILON, M.D., « A Study of Camus' Mythopoeic Tale *The Fall* with some Comments about the Origin of Esthetic Feelings », *Journal of the American Psychoanalytic Association*, Vol. 19, no. 2, April 1971, pp. 193—240.

Dans cette étude, publiée d'abord sous une forme abrégée en 1968 [1], J. Barchilon soumet à l'analyse freudienne le personnage de Clamence. Contrairement à d'autres auteurs, il s'interdit, comme dans ses travaux antérieurs, d'utiliser pour son analyse aucun élément étranger à l'œuvre étudiée (p. 231). Et certes, la plongée que le lecteur fait dans les profondeurs de la psyché de Clamence à la suite d'un guide aussi qualifié est de ces expériences qui défient le compte rendu.

Laissant de côté, pour abréger, les premiers travaux d'approche de l'analyste, nous partirons des remarques qu'il fait sur les deux moments essentiels du récit : l'épisode du rire entendu par Clamence sur le Pont des Arts, et, plus important encore, celui de la noyade du Pont Royal, antérieur de deux ou trois ans au premier.

Le récit montre clairement que l'épisode du Pont Royal conditionne toute la conduite ultérieure de Clamence (p. 200). Avec un grand luxe de détails, Camus retrace les efforts désespérés que déploie le héros pour essayer de retrouver un équilibre personnel perdu avec l'estime de soi le soir où il avait laissé se noyer la jeune femme. Le rire qui, plus tard, éclate dans son dos sur le Pont des Arts marque l'échec définitif de Clamence.

Le livre se clôt sur un paradoxe. Après avoir essayé pendant tant d'années de chasser le souvenir traumatisant de sa mémoire (par exemple en recourant à la débauche sous toutes ses formes), après avoir tenté de fondre son propre sentiment de culpabilité dans la culpabilité générale, proclamée à l'envi, de tous les hommes, Clamence, dans un dernier fantasme, fait revivre pour son interlocuteur la scène de la noyade. « *"O jeune fille, jette-toi encore dans l'eau pour que j'aie une seconde fois la chance de nous sauver tous les deux !" Une seconde fois, hein, quelle imprudence ! [...] Mais rassurons-nous ! Il est trop tard [...]. Heureusement !* » (I, 1549). Faut-il prendre Clamence au sérieux ? Si une seconde chance lui était donnée de la sauver, laisserait-il cette « femme mourir une seconde fois » (p. 202) ?

Oui, répond J. Barchilon. En effet, à relire, même rapidement, le récit, le lecteur sent bien que, le soir de la noyade, Clamence a péché « non par omission, mais par commission : il voulait que la jeune femme meure » (p. 204). Ainsi, si l'épisode de la noyade conditionne la conduite ultérieure de Clamence, il constitue encore, pour sa conduite antérieure et au moins sous certains rapports, un aboutissement. Autrement dit, il a pu servir d'exutoire à d'inconscients désirs de mort nourris par le héros à l'encontre de cette femme — et peut-être à l'encontre de toutes les femmes [2].

L'épisode de la noyade est précédé par le récit fait par Clamence de l'humiliation qu'il avait ressentie lorsqu'une de ses maîtresses, qu'il avait laissée insatisfaite, avait répandu dans son entourage la nouvelle de son insuffisance. Il n'avait surmonté cette humiliation qu'en humiliant à son tour cette femme dans un déploiement raffiné de sadisme. D'une façon très générale, Clamence éprouve immanquablement l'humiliation la plus profonde lorsqu'il lui arrive de devoir se reconnaître inférieur, soit à des hommes (comme pendant son altercation avec le motocycliste [I, 1499—1501]), soit, d'une façon plus typique, à des femmes.

Pour J. Barchilon, cette hypersensibilité de Clamence « suggère naturellement les émotions d'un jeune enfant qui, inférieur mais se sentant supérieur, doit nier à tout prix son état d'infériorité » (p. 205). Le souhait de mort adressé à toutes les femmes serait « un écho des désirs insatiables d'un enfant habitué à penser qu'il est le centre de l'univers [...]. Nous avons l'impression qu'à un moment donné notre héros a dû être — ou a dû se croire — l'exclusive préoccupation d'une mère toute à sa dévotion, une mère qui, plus tard, l'aurait abandonné ou trahi. » (pp. 205-6). Il devient ainsi possible d'interpréter le récit comme une « chute hors de l'Éden de l'Enfance » (p. 207). Corroborant cette interprétation, J. Barchilon relève le rêve d'amour idéal de Clamence : « [...] *un amour complet de tout le cœur et le corps, jour et nuit, dans une étreinte incessante, jouissant et s'exaltant, et cela cinq années durant, et après quoi la mort.* » (I, 1543).

L'humiliation subie de sa maîtresse insatisfaite et trop bavarde aurait fait revivre en Clamence l'inguérissable blessure narcissique reçue de sa mère lorsque « enfant-roi [il lui avait fallu reconnaître] qu'il ne pouvait être un objet sexuel pour elle » (p. 211). La haine, inconsciente et démesurée, qu'étant enfant il avait longtemps nourrie contre sa mère en réponse à sa « trahison » se serait reportée d'abord sur la maîtresse indiscrète, puis, plus généralement, sur toutes les femmes. Nous trouvons dans le récit, dans une séquence fort significative, le rappel de l'humiliation sexuelle de Clamence et le récit de sa première grande crise de sadisme (I, 1506) ; l'énoncé de ses désirs de mort à l'encontre de toutes les femmes en général (I, 1508) ; enfin, le récit de la noyade (I, 1509).

Or, la noyée est une jeune femme en noir, symboliquement une veuve. Comment expliquer que Clamence, défenseur attitré de la veuve et de l'orphelin (I, 1484), ait laissé se noyer la femme en noir ? L'analyse précédente permettrait déjà de répondre. J. Barchilon préfère aller plus avant en proposant une reconstruction des premières années de la vie de Clamence [3]. Selon lui, « le petit Jean-Baptiste a perdu son père étant très jeune [...], sa mère a pris un ou des amants (un mari peut-être), personnages que le jeune garçon estimait inférieurs à son père » (p. 211). Jean-Baptiste aurait éprouvé envers eux des sentiments ambivalents, un peu à la manière de Hamlet. Il aurait désiré se soumettre à eux afin de remplacer le père réel, tout en ressentant le besoin impérieux de tirer vengeance de l'insulte que lui-même et son père avaient subie.

De l'âge de Clamence à l'époque de sa « confession », J. Barchilon infère que son père, officier, a dû prendre part à la première guerre mondiale et vraisemblablement y trouver la mort. Cette tragédie serait à l'origine de l'intérêt tout spécial que devait montrer plus tard l'avocat pour la veuve et l'orphelin. À propos de l'épisode de la concierge qui, sitôt son mari enterré en grande cérémonie, avait pris un amant, l'analyste interroge : « [En racontant cette histoire] Clamence ne veut-il pas dire qu'une femme peut perdre son mari, lui faire de somptueuses funérailles, révérer sa mémoire, parler de lui avec affection, et aussi prendre un amant, sans que ces faits soient nécessairement contradictoires, » comme il le sait bien d'après son expérience personnelle ? » (pp. 212-3).

Sans doute, nous l'avons vu, la mère et le fils sont-ils devenus tout naturellement *la* veuve et *l*'orphelin. Mais lorsque l'avocat Clamence se fait leur défenseur avec la fougue théâtrale que l'on sait, il faut se garder d'être dupe des apparences. Il peut aussi bien s'agir d'une formation réactionnelle chez un homme qui, depuis la « trahison » maternelle, nourrit contre elle, à son insu, les pires désirs meurtriers — désirs qui devaient recevoir un assouvissement partiel dans la mort de la jeune femme en noir.

L'absence du père a marqué l'enfance du héros. Elle a livré l'enfant à la seule influence de sa mère tout en suscitant chez lui, par compensation, une véritable « quête du père » (p. 216).

La relation à la mère est infiniment complexe et revêt des aspects parfois contradictoires. Particulièrement gratifiante, elle permet au jeune garçon, seul objet des attentions maternelles, de se croire le centre de l'univers, de développer, sans être démenti par la présence d'un père, d'infinis rêves de grandeur. Dans ses fantasmes, il se voit « *fils de roi* » (I, 1488). Les fanfaronnades de Clamence sur ses prétendues capacités sexuelles relèvent[4] du même investissement narcissique immodéré. Selon J. Chasseguet-Smirgel, « *le sujet qui n'a pu projeter son narcissisme sur le père et son pénis* [...] *n'aura d'autre issue que d'investir son Moi propre* [...]. *Le sujet élaborera alors des fantasmes* [...] *qui visent à démontrer qu'il a déjà en sa possession un pénis d'une puissance absolue* [...] »[5]. « *La nature m'a bien servi quant au physique* [...] » (1482) « [*elle*] *a été généreuse avec moi.* » (1503) proclame Clamence.

Ici encore, il faut accueillir ces proclamations avec prudence. De fait, J. Barchilon pense pouvoir déduire du rêve d'amour parfait de Clamence que « chez notre héros les désirs sexuels dirigés vers la mère pendant les premières années de la vie ont dû être

inhibés sous peine de mort. Bien plus, le tabou de l'inceste était
si puissant [chez lui] que pas une seule fois dans sa vie il n'a pu
se permettre de tomber amoureux. Pas davantage n'a-t-il pu se
permettre, ne fût-ce qu'une fois, la satisfaction fondamentale de
procréer [...]. Tout se passe comme si sa sexualité, à travers une
interminable procession de femmes, était employée à maintenir
une proximité physique et un semblant d'intimité avec une femme
seulement, la mère ! [...] [En définitive], SON PÉNIS N'ÉTAIT POUR
LUI RIEN DE PLUS QU'UN CORDON OMBILICAL [...]. » (p. 208). Et J. Barchilon de poursuivre : « Les conséquences nécessaires d'une relation aussi intense et aussi inhibée avec la mère sont non seulement la culpabilité mais aussi l'absence quasi totale de compo-
sante génitale dans les relations objectales [...]. » (p. 209). Dans un
tel contexte, il n'est pas étonnant de trouver « ici ou là de nombreux signes révélant des tendances féminines et des tendances
homosexuelles » chez Clamence. Si ces éléments ne paraissent
« pas plus significatifs que ce que l'on peut trouver chez tout
autre homme » (p. 214, n. 14), ils contribuent toutefois à expliquer
la noyade du Pont Royal. Par sa mort, la jeune femme débarrasse
Clamence de son identification féminine et le délivre de la jeune
mère/veuve de son enfance (p. 215).

De son côté, la quête du père laisse deviner chez le héros
un besoin secret d'être « remis à sa place » par une figure paternelle (p. 219). C'est en réponse à ce besoin que se manifeste le
rire hallucinatoire du Pont des Arts. Mais la quête de Clamence
reste vaine : il lui faut prendre acte de l'abandon définitif de son
père [6]. Il s'assimile alors au Christ, lui aussi héros « de naissance
obscure » (I, 1488) et pareillement abandonné de son père. Lorsque, tout naturellement, il reprend à son compte la plainte du
Fils au Père, le pathétique du passage est profondément ressenti
par le lecteur.

Ainsi J. Barchilon peut-il affirmer que « l'absence d'une
importante image paternelle dans la vie de Clamence enfant est
la malédiction » qui a valu au héros ses tribulations de l'âge adulte
(p. 217).

L'échec final de Clamence le ramène inéluctablement à la
mère. Il la rejoint dans la mort, une mort purement imaginaire
qu'il met en scène avec le plus grand soin aussi bien pour lui-
même que pour son interlocuteur/lecteur (I, 1549).

Nous espérons que le présent compte rendu, succinct et
incomplet par nécessité, aura du moins donné une idée de la
richesse de l'étude de J. Barchilon, d'où le personnage de Clamence ressort plus fascinant que jamais.

Si fascinant même que, ne se sentant pas tenu par les scrupules scientifiques de l'analyste, le lecteur curieux ne pourra s'empêcher d'interroger, au-delà de Clamence, les autres héros camusiens et l'auteur lui-même. Il sera tenté d'employer à sa façon et avec plus ou moins de bonheur « *une méthode structurale qui [lui] permet[te] de comparer les différentes œuvres d'un artiste pour y découvrir le fantasme commun qui en est la clef* »[7]. Par exemple, comparant les personnages de Clamence et de Meursault, il pourra se demander si le fantasme de décapitation, commun à *La Chute* et à *L'Étranger*, n'est pas l'un des fantasmes clefs de toute l'œuvre[8]. Ou encore, retrouvant chez de nombreux héros — et souvent d'une façon plus marquée que chez Clamence — les tendances homosexuelles révélées par l'analyse de J. Barchilon, il pourra essayer de mettre en rapport fantasme de décapitation et homosexualité latente de tant de personnages camusiens[9]. Et ainsi de suite.

Telle est la liberté du lecteur, et peut-être celle du critique. Mais n'est-elle pas aussi licence ? Nous sommes ainsi confrontés à des problèmes fondamentaux de méthode qui dépassent le cadre de ce compte rendu[10].

Jean GASSIN

NOTES

1. In *International Journal of Psychoanalysis*, Vol. 49, 1968, pp. 386—9.

2. Comme le fait soupçonner l'accumulation d'anecdotes mettant en scène le meurtre d'une femme par un homme ou le suicide d'une femme pour un homme. Ou encore la célèbre plaisanterie de Clamence : « [...] *je n'avais aucune chance de tuer ma femme, étant célibataire* [...]. » (I, 1483).

3. Cette biographie restituée ressemble beaucoup à celle de Camus, où nous retrouvons la mère/veuve et, peut-être, l'amant — si du moins il faut en croire certains brouillons à caractère autobiographique. « *À seize ans il apprit que sa mère avait un amant. Il en fut étonné-navré-interdit.* » (*MH*, 219). Cf. « Les Voix du quartier pauvre », *CAC2*, 280. Mais il peut aussi bien ne s'agir que d'un fantasme quasi obsessionnel.

4. J. Barchilon pourtant ne les relève pas.

5. *Pour une psychanalyse de l'art et de la créativité* (Paris, Payot, 1971), p. 190.

6. On trouve des traits « abandonniques » chez bien des héros de Camus.

7. S. KOFMAN, *L'Enfance de l'art* (Paris, Payot, « Petite bibliothèque Payot », 1975), p. 125.

8. Tel est le sujet de notre étude sur la guillotine, dans la présente livraison.

9. C'est ce que nous avons tenté dans notre thèse «Le Symbole chez Camus » (Aix-en-Provence, 1975).

10. Comme le dépassent, croyons-nous, les considérations sur l'origine du sentiment esthétique que J. Barchilon a placées en « Addendum » à son étude de *La Chute*.

IV

CARNET BIBLIOGRAPHIQUE

Du fait du retard pris par *La Revue des lettres modernes* (expliqué en tête de ce volume) et qui s'ajoute au recul jusqu'alors maintenu pour établir au mieux le Carnet bibliographique chaque année, du fait aussi que la bibliographie camusienne ne cesse de s'étendre, une conjonction de difficultés matérielles en est résultée qu'il a fallu résoudre d'urgence. Des réformes de structure de l'ensemble des éléments bibliographiques dispensés aux Lettres Modernes se sont révélées nécessaires.

La conséquence la plus immédiatement visible dans le Carnet bibliographique sera la disparition des différentes rubriques de ventilations habituelles ; leur sera substituée la stricte présentation chronologique et alphabétique des Calepins par domaine linguistique.

Rien n'est pour autant perdu puisque nos lecteurs, sous une distribution certes différente des données, disposeront pourtant de la même documentation. (L'utilisation peut-être plus poussée des données analytiques à chacune des entrées viendra à l'occasion compenser la disparition des ventilations antérieures.) Cette décision de procéder ainsi n'a pas été retenue sans considérations techniques puisque c'est la seule façon économique, sinon viable, que nous ayons de poursuivre l'information bibliographique qui est une des raisons d'être de nos Séries spécialisées ; désormais nous pourrons en tempérer le coût élevé par pondération du prix de revient entre la Revue et les Calepins.

Nous prions nos lecteurs de nous excuser du fait que cette reconversion ne pourra être effective qu'à partir de la prochaine livraison. Ce faisant, nous mènerons alors parallèlement la poursuite chronologique du Calepin Camus série Française, et la création des Calepins séries Anglo-saxonne, Germanique et Autres langues. Pour l'heure nous mettons en fabrication l'édition du Calepin série Française, tome II : 1971—1974 qui assurera la continuité entre les Carnets bibliographiques ancienne et future formules.

Dans la prochaine livraison de la Revue, nous donnerons la bibliographie des études en langue française pour les années 1975 et 1976, et celle des langues anglaise, allemande et autres à partir de 1973. La bibliographie des Œuvres de Camus n'étant pas ordinairement incluse aux Calepins, se trouve maintenue dans le présent volume.

M.M. B.T.F. P.C.H.

ŒUVRES
(1972-1973)
par Peter C. Hoy

PUBLICATION D'INÉDITS

VIALLANEIX, Paul, *Le Premier Camus*, suivis de *Écrits de jeunesse d'Albert Camus*. Paris, Gallimard, 1973, 304 p. (Coll. « Cahiers Albert Camus », 2).

[voir pp. 131—5 : « Un Nouveau Verlaine » (article publié dans la revue algéroise *Sud*, mars 1932, p. 38) ; pp. 137—44 : « Jehan Rictus, le poète de la misère » (article publié dans *Sud*, mai 1932) ; pp. 145—8 : « La Philosophie du siècle » (publié dans *Sud*, juin 1932) ; pp. 149—75 : « Essai sur la musique » (publié, sous sa forme définitive, dans *Sud*, juin 1932, pp. 123—30) ; pp. 177—97 : « Intuitions » (d'après un ensemble de mss datés d'octobre 1932) ; pp. 201—6 : « Notes de lecture, avril 1933 » ; pp. 207—18 : « La Maison mauresque » (d'après un ms daté d'avril 1933) ; pp. 219—21 : « Le Courage (fragment) » (d'après le ms) ; pp. 223—6 : « Méditerranée » (d'après le ms — propriété de J. de Maisonseul — signé et daté d'octobre 1933) ; pp. 227—30 : « Devant la Morte » (d'après le ms) ; pp. 231—3 : « Perte de l'être aimé » (d'après le ms daté d'octobre 1933) ; pp. 235—7 : « Dialogue de Dieu avec son âme » (d'après le ms) ; p. 239 : « Contradictions » (d'après le ms) ; pp. 241—4 : « L'Hôpital du quartier pauvre » (d'après les deux mss) ; pp. 245—54 : « L'Art dans la communion » (d'après le ms) ; pp. 257—70 : « Le Livre de Mélusine » (d'après le ms) ; et pp. 271—87 : « Les Voix du quartier pauvre » (déjà paru dans l'édition de la Bibl. de la Pléiade)]

« The Human crisis [présentation de Peter C. Hoy] », pp. 156—76 in *Albert Camus 5*.

[texte d'une conférence de Camus donnée au McMillin Theater à Columbia University le 28 mars 1946 ; ce texte, légèrement modifié, fut publié dans *Twice A Year* (nos. XIV-XV, Fall-Winter 1946-1947, pp. 19—33) dans la traduction anglaise de Lionel ABEL. Il n'existe pas de version française]

ÉDITIONS DES ŒUVRES

A) Textes français.

Les Justes. Pièce en cinq actes. Note de l'éditeur. Paris, Gallimard, 1973, 152 p. (Coll. « Folio », 477).

« *Noces* (extraits) ; *L'Étranger* (extraits) ; *La Peste* (extraits) ; *L'Homme révolté* [début de l'introduction] », pp. 143—9 in Roger-Louis JUNOD, *Écrivains français du XX* siècle. 2ᵉ édition revue et augmentée. Lausanne, Payot, 1973, 224 p.

Fragments d'une déclaration à quelques étudiants musulmans [qui avaient demandé à Jean Daniel d'organiser une rencontre avec Camus], p. 99 in Jean DANIEL, « Le Temps qui reste [extraits] », *Le Nouvel observateur*, 30 avril—6 mai 1973.

Fragments de *L'Homme révolté* [pp. 122 et 127 de l'édition Gallimard], p. 158 in Micheline TISON-BRAUN, *Dada et le surréalisme*. Textes théoriques sur la poésie avec des notices historiques et bibliographiques, des analyses méthodiques, des notes, des questions et une revue des opinions. Paris—Bruxelles—Montréal, Bordas ; Londres, George G. Harrap & Co. Ltd ; Lausanne, Spes, 1973, 159 p. (Coll. « Bibliothèque Bordas »).

« [fragment sur Bernanos (extrait d'*Alger républicain*, nᵒ ᵥ7, 1939)] », p. 93 in Pierre-Robert LECLERCQ, *Rencontre avec Bernanos*. Paris, Éditions de l'École, 1973, 200 p. (Coll. « Rencontre avec... »).

« Le Renégat ou Un esprit confus [*extraits*] », pp. 553—68 in *Poèmes, pièces, prose. Introduction à l'analyse des textes littéraires français*. Edited with a preface, avant-propos and notes by Peter SCHOFER, Donald RICE and William BERG. New York, Oxford University Press, 1937, XVI-725 p.
[voir aussi pp. 651-2 : « Biographie » ; pp. 652-3 : « Théories littéraires », et p. 669 : « Questions générales » ; voir aussi pp. 493, 497-8 et 507 sur Camus romancier]

« Les Surprises de la littérature », pp. 280-1 in Françoise LAUGAA-TRAUT, *Lectures de Sade*. Paris, Armand Colin, 1973, 368 p. (Coll. « U Prisme », 10).
[fragment de *L'Homme révolté* (« La Négation absolue : Un homme de lettres », pp. 65—7 dans l'édition de la Collection « Idées »)]

« On en parlera demain : L'enfer et la raison [*Combat*, 8 août 1945 (*fragments*)] », *Le Nouvel observateur*, 16—22 juill. 1973.
[autour de la « bombe »]

B) Traductions.

A Happy Death. Translated from the French by Richard HOWARD. Afterword and notes and variants by Jean SAROCCHI. Harmondsworth, Middlesex, Penguin Books, 1973, 136 p. (Coll. « Penguin Books : Fiction »).
[reprend en poche l'édition de Londres (1972) ; pp. 5—106 : texte ; pp. 107—17 : « Afterword » ; pp. 119—36 : « Notes and variants »]

A Happy Death. Cahier 1. Translated from the French by Richard HOWARD. Afterword and notes by Jean SAROCCHI. New York, Vintage Books/A Division of Random House, 1973, 192 p. (Coll. « Vintage Books : V-865 »).

« From *The Myth of Sisyphus* : An absurd reasoning; Absurd freedom; The Myth of Sisyphus », pp. 537—48; « from *The Plague* », pp. 549—55; « from *The Rebel* : Thought at the meridian; Rebellion and murder; Moderation and excess; Beyond nihilism », pp. 556—66 in *The Fabric of Existentialism. Philosophical and Literary Sources.* Edited by Richard GILL and Ernest SHERMAN. New York, Appleton-Century-Crofts, Educational Division/Meredith Corporation, 1973, XI-640 p.

« We must take account of insights... », *Universitas* [Stuttgart], vol. 15, no. 1, 1973, p. 20.
[fragments de prose traduits en anglais]

Der glückliche Tod. Roman. Deutsch von Eva RECHEL-MERTENS. Nachwort und Anmerkungen von Jean SAROCCHI. Reinbek bei Hambourg, Rowohlt, 1972, 187 p. (Coll. « Cahiers Albert Camus », 1).

[Fragments traduits en allemand], *Universitas*, 28. Jahrg., Heft 2, Feb. 1973, p. 204.

ÉDITIONS CRITIQUES

Caligula. Edited [with an introduction and notes] by Philip THODY. Londres—Toronto—Sydney—Wellington, Methuen Educational Ltd., 1973, XLIII-106 p. (Coll. « Methuen's Twentieth Century Texts »).
[pp. IX-XLIII : introduction ; pp. 1—69 : *Caligula* ; pp. 70—86 : notes ; pp. 87—100 : « The Life and times of Albert Camus » ; pp. 101-2 : « Bibliographical note » ; pp. 103—7 : « Select vocabulary »]

TABLE